Sonja Grewing

Let's talk Wonneproppen

Babygebärden erobern die Welt!

Illustriert von
Kerstin Schotte-Mertens

Wie Sie mit Ihrem Kind „reden" können, bevor es spricht.
Für hörende Eltern von hörenden Babys.

Band 1 für Einsteiger

Inhaltliches

5. Bildliches

6. Anhängliches

Zu diesem Buch

Dieses Buch möchte

- Sie auf möglichst praktische und fröhliche Weise ermutigen, in eine faszinierende Art der Kommunikation mit Ihrem Baby zu treten: mithilfe von Babygebärden (– die übrigens im englischsprachigen Raum schon weit verbreitet sind!);
- Ihnen dadurch die Zeit mit Ihrem Baby oder Kleinkind verschönern und erleichtern;
- verhindern, dass Sie eine riesige Chance verpassen, nämlich: schon früh die erstaunliche Gedankenwelt Ihres Babys oder Kleinkindes kennen- und verstehen zu lernen;
- Ihnen anhand des persönlichen Erfahrungsberichts der Autorin und lustiger Anekdoten anschaulich und nachvollziehbar zeigen, wie Kommunikation mit Babys über Babygebärden gelingt;
- durch viele niedliche Zeichnungen das Einüben der Babygebärden für alle Familienmitglieder so lustig wie möglich machen;
- ein übersichtliches Nachschlagewerk für (vielleicht gestresste) Eltern sein;
- in Randnotizen und Endnoten und im Anhang trotzdem genügend Hinweise auf wissenschaftliche Hintergründe zum Thema liefern für alle (vielleicht weniger gestressten und) interessierten Eltern und
- Ihnen den Mund derart „wässrig" machen, dass Sie am liebsten sofort anfangen möchten, den Inhalt des Buches in die Tat umzusetzen (und Sie am liebsten auch gleich noch Band 2 dazu hätten mit noch mehr Gebärden **;-)**)!

Mit den besten Wünschen für Sie und Ihren Wonneproppen

Sonja Grewing

Für
das größte kleine Wunder,
das Gott uns
erleben lässt:
unsere Kinder

Diese Widmung kann ich, offen gesagt, hauptsächlich *wegen* der Babygebärden so schreiben. Bevor ich Babygebärden kennenlernte, waren mir diese kleinen Menschen ein Buch mit sieben Siegeln ..., wie ein Auto: hinten der Auspuff und vorne der Verstärker. Viel mehr wusste ich nicht darüber! Schlimm, oder? (Aber zu meiner „Verteidigung“: Ich hatte einfach nie etwas mit Babys zu tun! Bis ich dann mein eigenes in den Händen hielt ...) Und ohne Babygebärden hätte ich wohl schreiben müssen: *„Für das kleinste größte Risiko (bzw. Chaos) oder die kleinste größte Katastrophe (bzw. Überforderung), in die uns Gott hineinschlittern lässt ...“*

Apropos „Chaos“ und „Überforderung“: Falls Sie (noch) nicht ahnen, was damit gemeint sein könnte: Die Zeichnung von S. 75 zeigt ein Beispiel ...

Alltägliches

Was ist los, Wonneproppen?!

oder: Von Mamas und Papas Sehnsucht, Wonneproppen zu verstehen

„Uuuääääääääähhhhhhhhhhhh!!!“

„Was ist los, kleiner Wonneproppen? Hast du noch Hunger? Durst? Lass mal riechen, ist deine Windel schon wieder voll? Nein? Bist du müde? Komm, ich leg dich in dein Bettchen ... Schlaf gut!“

„Uuuuuääääääahhhhhhhhhhhhh!“

*„Ach, soll ich noch an der Spieluhr ziehen? Sind alle Schmusetiere da? Schnuller? Nein, müde bist du doch nicht? Tut dir dann vielleicht was weh? Hast du Bauchschmerzen? Musst du noch ein Bäuerchen machen? Hast du dich irgendwo gestoßen? Oder hast du nur Langeweile??? Sind's deine Zähne? Willst du auf meinen Arm? Hast du vor etwas Angst? WAS **IST** DENN???*
Hiiiiiiiiiiiiiiiiiiiiiilfeeeeeeeeeeeee! Wooo ist mein Mann!?!!!!!!“

Wenn das eine Szene aus Ihrem Alltag ist, dann herzlich willkommen in meiner Welt! Dann gehören Sie wahrscheinlich wie ich auch zu den Menschen, denen Babys - ehrlich gesagt - ein großes Rätsel sind (wenn auch ein großes Wunder). Und dann müssen auch Sie entweder die Babyzeit einfach irgendwie überstehen, bis Ihr Kind sich endlich unmissverständlich äußern kann, oder aber Sie benötigen eine Art „Nachhilfe" in puncto Intuition. Oder ... eine ganz andere Lösung muss her!

„Gibt's die denn?"

Tatsächlich habe ich für mich die Lösung in den USA gefunden. Dort gibt es nämlich schon seit den 80er Jahren besondere Untersuchungen zur Sprachentwicklung von Babys mit Ergebnissen, die mich regelrecht umgehauen haben und von denen ich Ihnen im Folgenden erzählen möchte.[1]

Theoretisches

Wonneproppens Sprach- und Denkfähigkeit

Im Babyköpfchen ist schon viel mehr los als wir ahnen! Nur mit der Mundmotorik hapert es noch, also beim Zusammenspiel von Lippen, Zunge, Zähnen (sofern schon vorhanden), Kiefer, Gaumen, Rachen, Wangen, Atem und was sonst noch zum Sprechen nötig ist.[1]

Wussten Sie schon, dass Babys schon vor ihrem ersten Geburtstag – wenn sie also erst wenige Worte akustisch differenzieren, geschweige denn selbst nachsprechen können – bereits fähig sind, erstaunlich viel in Begriffen zu denken und auszudrücken? Nur eben noch nicht über den Mund, noch nicht in Form von ausgesprochenen, klar artikulierten Worten, sondern mit Gesten, Handbewegungen, Mimik und gezielten, aber eher lautmalerischen Äußerungen.

In diesem Buch wird von einem „durchschnittlichen" Baby ausgegangen, also nicht von einem kleinen, super-frühbegabten Genie und auch nicht von einem Spätentwickler. Aber selbst die „durchschnittlichen" Babys unterscheiden sich in ihrer Entwicklung. Deshalb bitte alle Zeit- und andere Angaben als *Beispiel* und nicht als *Muss* ansehen!

Hier sind Handgesten gemeint, die von Hörgeschädigten und Gehörlosen anstelle von gesprochenen Worten für bestimmte Begriffe verwendet werden.

Auf klar ausgesprochene Worte muss man in der Regel 16 Monate und länger warten. Und was dann zunächst kommt, sind einzelne Worte, keine Mehrwortsätze![4]

Aufgefallen ist dies unter anderem beim Beobachten von Babys mit mindestens einem gehörlosen Elternteil. Diese Babys können sich nämlich schon vor dem ersten Geburtstag mit ca. 70 Gebärden der offiziellen Gebärdensprache[2] verständlich machen, während andere Babys zu diesem Zeitpunkt noch keine zehn Worte sprechen.[3]

Ist das nicht wahnsinnig interessant?!

Über Gebärden bietet man also Babys die Möglichkeit, Gefühle, Wünsche, Eindrücke, Ängste, Schmerzen usw. auszudrücken, bevor sie sie klar aussprechen können.

Mich persönlich hat diese Erkenntnis so fasziniert, dass ich dachte: „Das muss ich zumindest mal **ausprobieren**!" Bei meinem ersten Kind (geboren 2001) hat das Experiment so gut geklappt, dass ich es beim zweiten Baby (geboren 2003) kaum erwarten konnte, endlich wieder damit anzufangen, Babygebärden in unseren Alltag zu integrieren!

Schlucken Sie jetzt und denken so etwas wie:

„Was soll das denn? Schon wieder neuer Stress und Leistungsdruck für Eltern?! Jetzt auch noch „Gebärden-Sprache" lernen?!"

Aber die gute Nachricht ist, dass das alles viel weniger kompliziert ist, als Sie denken! Ich wette, Sie machen das schon längst mit Ihrem Baby und anderen Kleinkindern.

„Wie denn, was denn???"

Doch! Zum Beispiel beim Verabschieden machen Sie bestimmt *„winke, winke"* mit Ihrer Hand, habe ich recht? Oder wenn Sie etwas verneinen, schütteln Sie dann den Kopf und nicken beim Ja-Sagen? Und Sie zucken sicherlich mit den Schultern, wenn Sie etwas nicht wissen und winken Ihr Kind mit Ihrer Hand herbei, wenn es zu Ihnen kommen soll. Vielleicht schütteln Sie auch den Zeigefinger: *„Du-du-du!"* und ziehen Ihre Stirn kraus, wenn es etwas Unerwünschtes tut? Oder werfen ihm einen Kuss zu? Und diese Gebärde hier haben Sie vielleicht auch schon mal benutzt: →

Toll!

Sehen Sie – Sie machen es schon längst: Sie benutzen Gebärden, um etwas auszudrücken. Und es klappt, oder?!

Nun können Sie das Ganze schlichtweg ausbauen und etwas gezielter angehen. Dabei unterstützt Sie dieses Buch.

Kritische Anfragen von Mama und Papa

Sicherlich stellt sich Ihnen spätestens jetzt die Frage:

> *„Aber verhindert oder verzögert man durch das Beibringen von Babygebärden nicht das* ***richtige*** *Sprechen des Kindes?!"*

Hierauf eine eindeutige Antwort (nicht meine, sondern die der wissenschaftlichen Experten – obwohl ich es aus meiner eigenen Erfahrung auch absolut bestätigen kann):

NEIN! Ganz im Gegenteil!

Da Ihr Baby bei der Kommunikation über Gebärden nicht nur mit den Ohren akustische, sondern auch über die Augen visuelle Reize aufnimmt und diese nach einer gewissen Zeit kinetisch, also in gezielte Bewegungen, umsetzt, werden beide Gehirnhälften (statt nur einer) angesprochen und mehr Verbindungen zwischen ihnen ausgebildet. Dadurch wird die allgemeine Denk- und Lernfähigkeit Ihres Kindes unterstützt.
Gebärden helfen Ihrem Baby auch dabei, früher in Begriffen zu denken und mit ihnen umgehen zu können. Deshalb wird es vermutlich eher in Mehrwortsätzen sprechen als andere Kinder mit ansonsten gleicher Sprachbegabung.[5]
Ihr Kind wird voraussichtlich schon bald über ein größeres Vokabular verfügen, mehr Worte verstehen und wahrscheinlich einen höheren IQ aufweisen. (Obwohl mir persönlich dieses Ziel immer etwas Bauchschmerzen bereitet ... Ich möchte doch keinen zweiten Albert Einstein haben, sondern einfach nur ein glückliches Kind! Aber der Vollständigkeit halber erwähne ich es trotzdem.) Außerdem wird Ihr Kind früher niveauvoll spielen.[6]

Zum Vergleich: Kinder im Alter von 24 Monaten verfügen in der Regel über einen aktiven Wortschatz von 20 - 50 Worten.[7] Meine Tochter Lou-Ann hatte schon mit 14 Monaten einen aktiven Gebärden-Wortschatz von über 50 Gebärden!

Über die Vorteile von Babygebärden ließe sich noch viel mehr sagen. Für die Interessierten sei hier nur erwähnt: Gebärdensprache war und ist zum Teil immer noch sehr umstritten aus der Befürchtung heraus, bei gehörlosen Kindern die „richtige" Sprachentwicklung zu hemmen. Hingegen gibt es immer mehr wissenschaftliche Studien, die genau das Gegenteil beweisen. So kommt es, dass Gebärden mehr und mehr akzeptiert und sogar auch bei anderen Personengruppen erfolgreich eingesetzt werden: Babys sind nur eine davon, Kinder mit ADHS[8], Sprachgeschädigte nach Schlaganfällen, Hospiz-Patienten oder Menschen mit Down-Syndrom weitere. Bei Letzteren hat Frau Dr. Etta Wilken, Professorin für allgemeine und integrative Behindertenpädagogik, mit ihrer „gebärdenunterstützenden Kommunikation" von sich reden gemacht.[9] Untersuchungen an hörenden Kindern vom Kindergartenalter bis hin zur 6. Klasse hat die amerikanische „Associate Professor of Speech Communication", Frau Dr. Marylin Daniels[10], durchgeführt. Ihr Ergebnis: Bei Kindern mit Lerndefiziten im Lesen, im Wortschatz und in der Rechtschreibung wurden durch begleitendes Lernen mit Gebärden deutliche Verbesserungen in allen drei Bereichen beobachtet. Ganz knapp erklärt: Dies ist auf das Ansprechen beider Gehirnhälften zurückzuführen. Ein weiterer positiver Effekt: Auch das Selbstwertgefühl der Kinder wuchs ganz offensichtlich und sie hatten Spaß dabei! Wenn Kinder (auch Babys und Erwachsene), die Erfahrung machen, dass Kommunikation gelingt oder sich verbessert (wenn auch zunächst „nur" über Gebärden), werden ihr Lernwille und ihre Lernfähigkeit gesteigert. So weit meine Erklärung als „Nicht-Wissenschaftlerin". Wer nähere Informationen dazu haben möchte, darf sich gerne anhand der Literaturangaben in diesem Buch weiter kundig machen oder sich an die Verlegerin Birgit Jacobsen unter www.gebaerden.de wenden. Und – das wird noch häufiger im Buch deutlich werden – über wertvolle Ergänzungen von Ihnen zum Thema an meine Adresse info@letstalkbaby.de freue ich mich!

Überzeugt? Oder immerhin hellhörig geworden? Dann liste ich Ihnen gerne noch weitere Vorteile der Babygebärden auf. Solche, für die man nicht unbedingt wissenschaftliche Studien benötigt, sondern die Sie im Alltag selbst erleben können.

Vorteile der Babygebärden[11]

Vorteile der Babygebärden für Wonneproppen

- Babygebärden bieten Ihrem Wonneproppen die tolle Chance, seine Wünsche, Eindrücke und Ängste mitzuteilen, auch wenn er noch keine oder kaum Worte artikulieren kann.

*Noah zeigt, dass er **„trinken“**, ein **„Buch“** lesen und aus dem Bettchen **„raus“** möchte.*

* Noah benutzt hier eine von ihm selbst entwickelte Gebärde. Auf Seite 76 finden Sie die richtige Gebärde für „trinken“.

- Dadurch helfen Sie Ihrem Kind, die Welt und sich selbst früher zu erfassen (was Ihrem Kind und Ihnen auch viel Spaß machen wird und Ihr Kind nebenbei zufriedener werden lässt).

- Selbstbewusstsein und Selbstwertgefühl Ihres Kindes werden dadurch gestärkt.

- Babygebärden ermöglichen es, Kinder eindeutiger vor Gefahren zu warnen.

- Ihr „Wonneproppen“ kann Ihnen mit Gebärden mitteilen, was ihn stört, wo es wehtut oder wo er etwas (z.B. den Schlüssel) versteckt hat ...

- Sogar das „Eltern-Kind-Bonding“ kann mit Babygebärden durch die bessere Kommunikation positiver vonstattengehen.

- Egal, wie jung (oder alt) Menschen sind, sollten wir ihre Würde achten und ihnen mit Wertschätzung begegnen. Babygebärden helfen dabei, denn dann hieve ich mein Baby z.B. nicht einfach nur – wie es das vielleicht empfinden mag - „batsch!" auf den Wickeltisch und zerre die Windel runter, sondern ich kündige ihm an, dass jetzt Windelwechseln angesagt ist und ich es dafür hinlegen muss. Auch nehme ich meinem Kind nicht einfach etwas weg, indem ich es ihm aus der Hand reiße, sondern bitte mein Kind mit Hilfe von Gebärden darum, es mir zu geben. Und das auf eine Art und Weise, die es bald verstehen und durch die es sich ernst genommen fühlen wird.

Einen Unterschied konnte ich z.B. bemerken, wenn ich meiner Tochter die „ach-so-verhasste" Mütze einfach aufsetzte oder sie ihr ankündigte. (Ersteres verlief in der Regel mit Protest, das Zweite ohne!) Und mein Kleiner kündigte im Alter von 13 Monaten immer schon selbst per Gebärde – freudestrahlend! - an (indem er sich auf den Kopf klatschte): Jetzt kommt beim Anziehen gleich die Mütze dran!

- Babygebärden können eine nette „Geheimsprache" sein (auch wenn die Kinder schon groß sind), z.B. im Auto, wenn ein Mitfahrer schlafen und nicht aufwachen soll und man trotzdem den anderen etwas fragen möchte. Oder man kann peinliche Situationen entschärfen, indem man das Kind nicht bloßstellt, wenn man es vor anderen z.B. fragen möchte, ob es zur Toilette gehen muss, wenn man etwas verbieten will oder heimlich etwas Liebes sagen möchte.

- Für manche Kinder – auch Spätentwickler im Sprachbereich – bieten Gebärden überhaupt eine Möglichkeit, sich schon früh(er) selbst auszudrücken.

- Vermutet wird, dass Kleinkinder, die sich durch Gebärden schon früher und eindeutiger ausdrücken können, weniger stark die typischen Trotzphasen ausleben.
  Die Frustrationstoleranz in diesen Zeiten ist oft besonders niedrig. Und ein enormes Frustpotential liegt für Kinder darin, ihre eigenen Bedürfnisse zwar zu spüren, sie aber nicht klar ausdrücken zu können und sie damit nicht befriedigt zu bekommen.

Das kann ich leider nicht aus eigener Erfahrung bestätigen. Die Trotzphasen von Lou-Ann und Noah fielen trotz Gebärden recht heftig aus ... ;-)

Auto (mit großem Lenkrad) und Huhn

Schweinchen

- Das Interesse des Kindes an Büchern wird verstärkt.

Vogel

Schnee

Die großen Geschwister Nora und Lou-Ann machen mit und zeigen verschiedene Gebärdenmöglichkeiten für: „Kuh"

Das sind schon ganz schön viele Vorteile, oder?
Aber es geht noch weiter!

Vorteile der Babygebärden für Mama und Papa (und Babysitter und Oma und Opa und Bruder und Schwester und ...)

Bestimmt haben Sie gemerkt, dass manche dieser Punkte nicht nur Vorteile für Ihr Kind mit sich bringen, sondern auch für Sie selbst und für alle, die regelmäßig mit Ihrem Wonneproppen zu tun haben. Oder wer ist nicht froh, wenn die Heftigkeit der Trotzphase entschärft werden kann?! Oder wenn die Bindung zum Kind intensiver wird?
Hier noch einige solcher positiven Auswirkungen für die „Größeren" unter uns (damit sind auch ältere Geschwister gemeint):

- Durch Babygebärden erfahren Sie endlich, was sich tatsächlich schon hinter diesen kleinen Köpfen abspielt. (Sie werden staunen!)

- Im Umgang mit Ihrem Wonneproppen bekommen Sie mehr Sicherheit, weil Sie eindeutiger wissen werden, was ihm fehlt oder ihn bewegt.

- Manche Eltern schaffen es ja tatsächlich, ihren Kindern die Wünsche von den Augen abzulesen und aus ihrem undeutlichen Kauderwelsch sinnvolle Worte herauszuhören. Gebärden ermöglichen es aber auch anderen, die nicht so viel Zeit wie die Mamas und Papas mit den Babys verbringen, sich mit ihnen zu verständigen: den Geschwistern, Babysittern, Tagesmüttern, Erzieher(inne)n in Kinderkrippen, Großeltern usw.

- Babygebärden können richtig Spaß machen, wenn man die ersten Hemmschwellen überwunden hat und sich nicht mehr albern dabei vorkommt.

Nachteile der Babygebärden

„Nachteile?!"

– Doch, die gibt's auch, aber nur in gewissem Sinne ... :

- Sie brauchen Geduld und Ausdauer! Es wird bestimmt mehrere Wochen oder sogar Monate dauern, bis Ihr Kind von allein Gebärden mit seinen Händen formen und richtig anwenden kann.
- Etwas Fleiß wird Ihnen auch abverlangt. Denn je konsequenter Sie die Gebärden in Ihren Alltag integrieren, desto besser wird auch Ihrem Kind das Gebärden gelingen.
- Sie brauchen Humor, denn im Vergleich zu den Südländern sind wir Deutschen es nicht gewohnt, mit Händen und Füßen zu reden. Vielleicht werden Sie sich also manchmal beim Gebärden etwas albern vorkommen (vor allem, wenn Frau Müller von nebenan Sie zufällig dabei durch das Fenster beobachtet).
- Es wird Ihnen schwerer fallen, Ihrem Wonneproppen einen Wunsch zu verwehren, weil es so niedlich aussieht, wenn er Sie ganz höflich per Gebärde um etwas bittet **;-)**.
- Ihr Baby wird womöglich etwas verwirrt sein, wenn es die Gebärden ausführt, aber sein Gegenüber sie nicht kennt und deshalb nicht erwartungsgemäß reagiert (– aber dann können Sie ja schnell als „Dolmetscher" einspringen).

Das sind nicht wirklich schlimme Nachteile, oder? Auf jeden Fall nicht, wenn man das Ganze vom Gesamtergebnis aus betrachtet! Das möchte ich jetzt gerne mit Ihnen tun und Ihnen dabei einen kleinen Einblick in ganz persönliche Erfahrungen mit Babygebärden geben:

Als Erstes in die vom kleinen Carl und dann noch in ganz persönliche Erlebnisse meiner zwei „Lieblings-Wonneproppen" Lou-Ann und Noah.

Erstaunliches

Carl „Strahlemann“

Gestatten: Carl

Carl (12 Monate) wollte kurz mitteilen, dass ihn diese ganze Diskussion um Vor- und Nachteile nicht die Bohne interessiert! Er **weiß** nämlich, dass Babygebärden funktionieren. Gleich macht er es Ihnen vor und bewegt dabei seine Fingerchen allerdings so, wie **er** es für richtig hält ... (so ähnlich, wie seine Eltern es ihm gezeigt haben):

* Carl hat die Gebärde für „mehr“ aus der amerikanischen Gebärdensprache gelernt (ASL = American Sign Language), bei der man mehrere Male alle Fingerspitzen „zusammenstupst“. Die Beschreibung unserer „deutschen“ Variante finden Sie auf S. 79 und sieht so aus:

Mit 13 Monaten gebärdet Carl, dass er **„mehr“** möchte, er gerne **„etwas“** zu essen hätte und er gerade **„Musik“** hört.

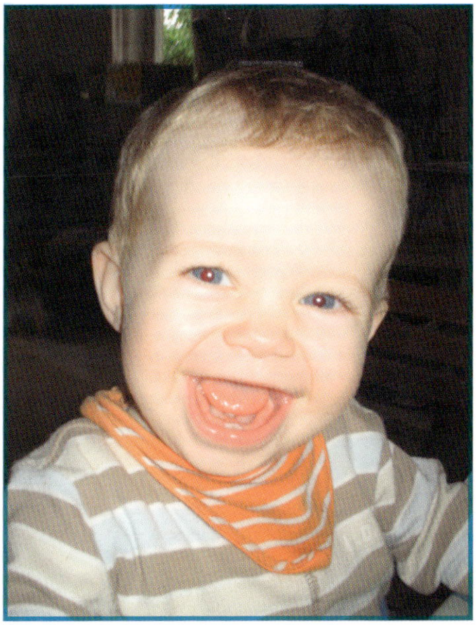

Na? Klappt doch super!

Und raten Sie doch mal, welche Carls allererste Gebärde war, die er selbst anwendete ... – Es war „Musik". Kein Wunder, denn Carls Papa ist Schlagzeuger!

Wenn Sie möchten, können Sie beim Lesen immer gleich mitüben. Am Rand werden die jeweiligen Babygebärden gezeigt, die daneben im Text vorkommen und die Sie zum Großteil auch hinten im Lexikonteil noch genauer beschrieben wiederfinden. Als kleines „Bonbon" können Sie hier sogar noch zusätzliche Gebärden finden, die eigentlich erst in Band 2 vorkommen! Diese sind mit einem Sternchen versehen. Viel Spaß damit!

Erfahrungen mit meinen ganz persönlichen Wonneproppen

Darf ich mal ein bisschen angeben? Oder besser gesagt: schwärmen? (Das machen stolze Eltern doch immer gerne, oder? **;-)**) Einige Anekdoten aus unserem Alltag zeigen, *wie* sehr sich unser Einsatz (also etwas Fleiß und viel Humor) mit den Babygebärden gelohnt hat. Darf ich also vorstellen? Das hier sind meine beiden Wonneproppen: Lou-Ann und Noah (auf dem Foto fast drei Jahre und acht Monate alt).

Hier genießen Lou-Ann und Noah eine kleine Fahrradtour im Urlaub auf Langeoog.

Als Lou-Ann elf Monate alt war, entdeckten wir erste zaghafte Gebärden von ihr. So ging's los:
Krümel, unser Nachbarhund, ist ein süßer Knopf, aber fast nie zu überhören (leider auch nicht während Lou-Anns Mittagsschlaf ...). Lou-Ann war wohl so beeindruckt von ihm, dass „**Hund**" ihre erste Gebärde wurde.

Bei Noah fing das Interesse am Gebärden im Herbst an, als es nachmittags schon früh dunkel wurde. Seine erste Gebärde (mit zehn Monaten) war wohl deshalb „**Licht**", weil bei einem Spaziergang plötzlich die Straßenlaternen angingen. Besonders gerne machte er diese Gebärde, wenn am dunklen Himmel Flugzeuge blinkten. Und viele Wochen lang begrüßte er uns morgens gleich beim Aufstehen mit dieser Gebärde und zeigte uns sämtliche Lichtquellen in unserer Wohnung. Aber, das muss ich zugeben: Danach war erst einmal ziemlich lange Sendepause. Erst nach seinem ersten Geburtstag konnten wir wieder Fortschritte im Gebärden bei ihm beobachten. Er war wohl bis dahin mit anderen Dingen - z.B. Zahnen – beschäftigt.

Das nächste Beispiel zeigt, wie kreativ Babys mit den Babygebärden umgehen:

Wir hatten Lou-Ann immer am Ende einer Mahlzeit die Gebärde für „**genug / fertig / satt / zu Ende**" gezeigt, wenn sie satt zu sein schien. Eines Tages, sie war immer noch elf Monate alt, rief jemand an. Ich vertiefte mich in das Gespräch, bis ich auf einmal bemerkte, dass Lou-Ann mit ihren Händen zaghaft „**satt**" zeigte und mit der Zeit immer wilder gestikulierte. Zunächst verstand ich nicht: Warum macht sie die Gebärde für „**satt**" gerade jetzt, obwohl wir doch gar nicht essen? Schließlich musste ich schmunzeln, denn endlich verstand ich ... - Sie als Leserin oder Leser auch? Was meine Tochter mir offensichtlich mitteilen wollte, war: *„Mama, genug, genug, werd endlich fertig! Du telefonierst zu lange, hör endlich auf damit!"* So bekam ich also meinen ersten deutlichen Rüffel von meiner Tochter per Babygebärde ... (und beeilte mich tatsächlich, das Telefongespräch zügiger zu beenden)!

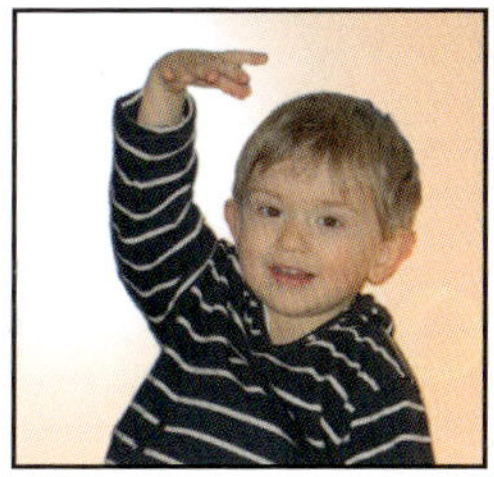

Noah (26 Monate) hat ein Licht entdeckt.

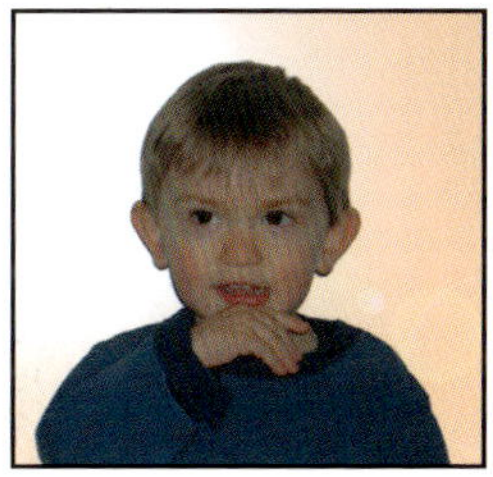

Noah (27 Monate) hat „**genug**"!

Blume*

Beflügelt von ihrem Erfolg „boomten" die Babygebärden dann bei Lou-Ann geradezu ab ihrem ersten Geburtstag. Woche für Woche konnten wir beobachten, wie sie ihren „Gebärden-Wortschatz" erweiterte. Und wenn wir nicht schnell genug damit waren, ihr die „offizielle" Gebärde zu zeigen, dann dachte sie sich eben selbst eine aus. Hier ein Beispiel davon – raten Sie mal, welchen Begriff Lou-Ann (15 Monate) da gerade rein mimisch gebärdet:

„Jetzt gibt's Saures!?"

– Nein, falsch (obwohl es tatsächlich das „fieseste" Bild ist, das wir von unserer Tochter haben). Lou-Ann zeigt hier - völlig harmlos - ihre selbst ausgedachte Babygebärde für **„Blume"**: nämlich „schnuppern". Wenn Sie das Bild anschauen und Schnuppergeräusche dazu machen, wird es verständlich. Das Foto ist auch ein gutes Beispiel dafür, welche Rolle bei den Gebärden die Mimik, also der dazu passende Gesichtsausdruck, spielt. Lustig, oder?

Eines Tages, Lou-Ann war gerade 14 Monate alt, setzte ich mich einmal hin, um aufzuschreiben, welche Gebärden sie schon selbst verwendete oder kannte. Meine Augen wurden immer größer, je länger die Liste wurde. Sie konnte schon über fünfzig Gebärden richtig benutzen und mehr als zwanzig weitere verstehen, also richtig darauf reagieren!

Buch

Einmal beeindruckte sie mich (mit etwa 16 Monaten), als sie mir im Badezimmer ganz genau mit Gebärden zeigte, welches Buch aus dem Kinderzimmer (von den etwa fünfzig, die wir haben ...) sie jetzt gerne anschauen wollte. Sie lag auf dem Wickeltisch, machte die Gebärden für **„bitte"** und **„Buch"** und hampelte dann wie ein Hampelmann. Ich holte ihr das Buch, in dem der Hampelmann vorkam, und sie strahlte mich dankbar an. Offensichtlich hatte ich sie richtig verstanden!

Noah (20 Monate) gebärdet trinken.

Und sehr dankbar war ich auch einmal sonntags im Gottesdienst. Ein anderes Baby (14 Monate alt) gab ziemlich laut und unzufrieden das typische „Hmmhmmhmm!" von sich. Sein Vater versuchte, es zu beschwichtigen und bot ihm zunächst etwas zum Spielen an. „Hmmhmmhmm!" Dann einen Keks. „Hmmhmmhmm!" Alles nix! Schließlich versuchte er es mit etwas zum Trinken. Das stimmte dann endlich. Lou-Ann (damals vielleicht 16 Monate alt) hatte alles still beobachtet und kam danach zu mir. Leise und höflich (also sehr angenehm!) zeigte sie die Gebärden für **„bitte"** und **„trinken"** und das Problem war sofort gelöst, ohne lautstarkes, unzufriedenes „Gehmmmse"! Toll, oder?

Unser Sohnemann war anfangs - wie erwähnt - etwas zurückhaltender mit dem Gebärden, aber einige „Anekdötchen" gibt es doch auch von ihm zu berichten. Sie zeigen, dass nicht nur Mama und Papa von den Babygebärden profitieren.

Als Oma ihn (damals acht Monate alt) einmal zum Wickeln hochnahm, begann er, wie am Spieß zu brüllen. Als sie daraufhin sagte, *„Noah, ich will doch nur deine Windel wechseln!"*, änderte sich nichts. Aber als sie dazu die Babygebärde für **„Windel wechseln"** zeigte, hörte er sofort auf zu weinen. Akustisch konnte er die Worte *„Windel wechseln"* also noch nicht klar einordnen. Als Gebärde jedoch schon!

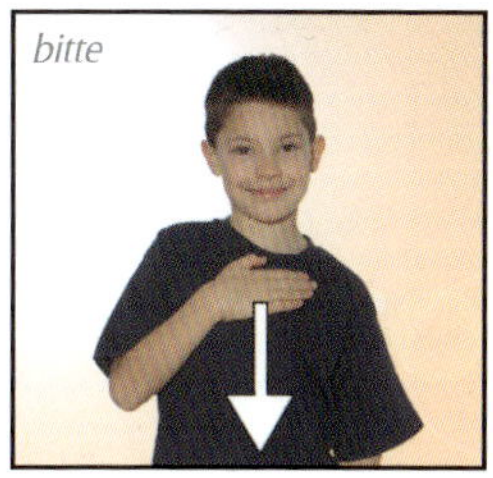

Ein weiteres schönes Erlebnis von Oma (sie erzählt es selbst): *„Als Noah 13 Monate alt war, wollte er beim Kochen immer genau sehen, was ich gerade mache. Er hat dann die ganze Zeit so niedlich **„bitte"** gesagt* (das heißt, die Gebärde dafür gezeigt)*, dass von den Gurken,* die ich gerade klein schnitt, *ziemlich viele statt im Topf in seinem Mund landeten ..."*

Noah liiiebt seine Oma, und ihre Beziehung hat tatsächlich sehr von den Babygebärden profitiert! **;-)**

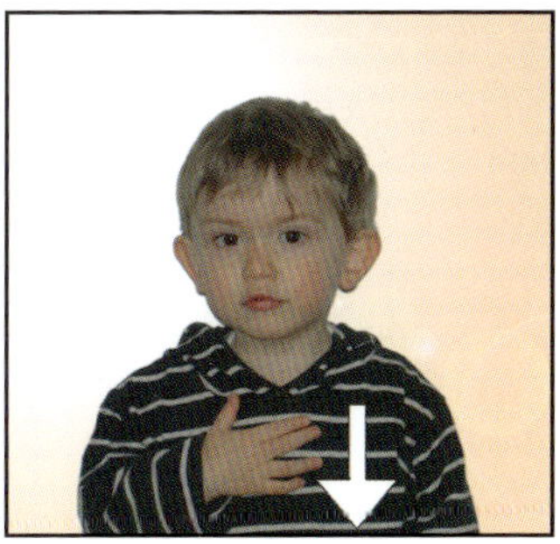

Noah (26 Monate) bezirzt seine Oma auch heute noch mit höflichem ***„Ich möchte ...! (Bitte!)"***

Und eines Tages stand Noah (immer noch dreizehn Monate alt) eine ganze Weile am Fenster und schaute fasziniert auf unseren tief verschneiten Garten. Dann machte er die Gebärde für „**Schnee**" und sagte so etwas wie *„Schee!"* Die Schwaben in unserer Nachbarschaft hätten bestimmt *„schee"* (also: *„schön"* auf Hochdeutsch) verstanden. Aber zusammen mit der Gebärde war eindeutig, was genau er meinte.

Lou-Ann (15 Monate) und Mama zeigen (einhändig), dass es ***„geschneit*** *hat" – und wie!*

Und dann hier noch ein stolzer Tiger:

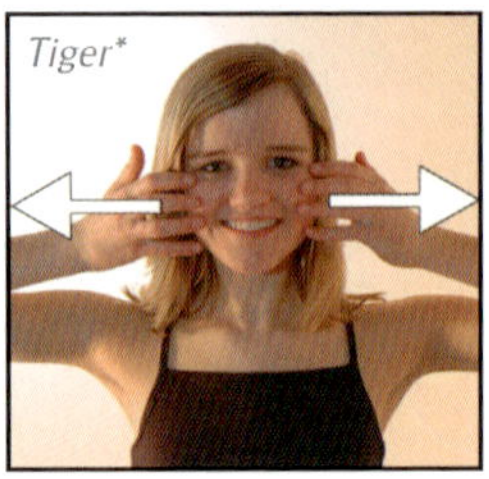

Noah (14 Monate) zeigt seine eigene Gebärden-Variante von ***„Tiger"*** *(fauchen und mit den Tatzen drohen – aber Achtung: So geht eigentlich die Gebärde für „Bär"! Naja ...)*

Noah hatte es auf dem Foto gerade geschafft, im (nicht besonders aufgeräumten) Kinderzimmer genau zu verdeutlichen, womit er gerne spielen wollte (etwas, an das er nämlich nicht selbst drankam): mit dem Tigerkostüm, das im Hochbett seiner Schwester lag. Dafür schaute er zum Bett hoch, machte seine eigene Gebärden-Variante für „**Tiger**" und gab Fauchgeräusche von sich. Schwups wussten wir, wo der Hase im Pfeffer lag.

Ein Tag mit Babygebärden

Wenn Sie möchten, nehme ich Sie jetzt gerne einmal mit in einen typischen Alltag mit Babygebärden, so wie er bei uns oft abgelaufen ist. Ich picke einen exemplarischen Tag heraus, als Noah 15 Monate alt und schließlich doch auch noch zum begeisterten Gebärdenmacher geworden war. Zu dem Zeitpunkt wendete er Gebärden wo immer möglich an und begann aber auch schon mehr und mehr, richtig gesprochene Worte einzubauen. Und damit Sie sich das Ganze noch besser vorstellen können, am Rand gleich wieder in Kleinformat viele Babygebärden dazu (Fotos mit Sternchen sind Band 2 entnommen). So sah das dann also an einem ganz normalen Tag bei uns aus:

Am Morgen

Wenn wir Noah wecken oder er selbst verkündet, dass die Nacht nun für ihn vorbei ist, ruft er *„Mama!"*. Sobald ich komme, deutet er nach oben und zeigt **„Licht"**, deutet auf die Katze auf seinem Bettzeug und zeigt **„Katze"**, und wenn Krümel von nebenan draußen gerade den neuen Tag bellend begrüßt, zeigt Noah **„Hund"** und sagt *„Wauwau!"*.
Nehme ich ihn hoch (und zeige davor **„hoch"**), wiederholt er die Gebärde und sagt dazu *„ooo"*, dann sagt er *„Mi"* und zeigt **„Milch"**, womit er dann versorgt wird.
Heult seine Schwester, weil sie nun auch wach, aber eigentlich noch nicht ausgeschlafen ist, zeigt Noah **„weinen"** (und grinst - er hat offensichtlich den Ernst des Lebens noch nicht ganz verstanden ...).

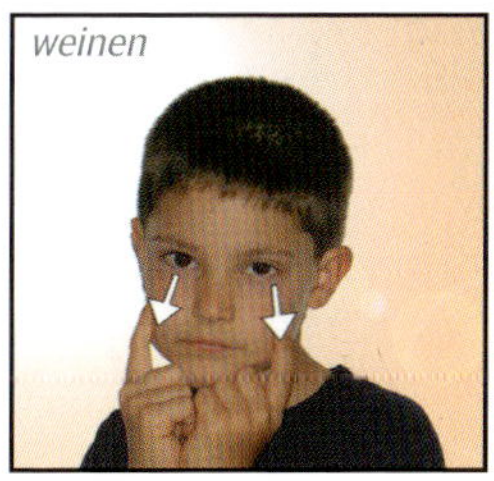
weinen

Licht

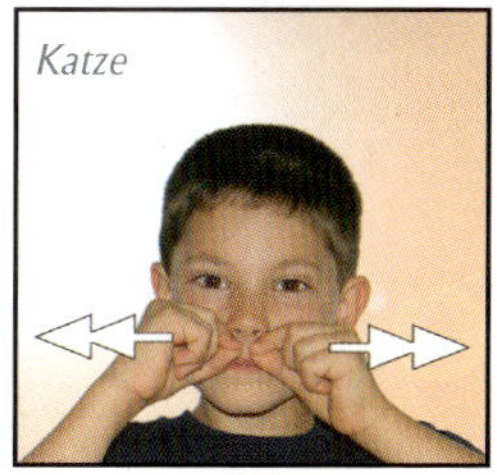
Katze

Hund

hoch*

Milch

So geht die Gebärde für „**Papa**“ richtig!

Windel wechseln

Buch

*Fahrrad**

Geht's dann ins Badezimmer, in dem der Papa schon fleißig bei der Morgentoilette ist, begrüßt Noah ihn mit ***„Baba!“*** und zeigt allerdings dafür seine selbst ausgedachte Gebärde: Er streicht mit der Faust über seine Wange, wie ein Rasierer. Lege ich ihn dann auf den Wickeltisch und zeige „**Windel wechseln**“, ist für ihn alles klar. Er sagt *„Bu“* und zeigt „**Buch**“, mit dem er sich währenddessen beschäftigt. Entdeckt er darin ein Fahrrad, zeigt er einhändig „**Fahrrad**“ (mit der anderen Hand hält er ja das Buch) und sagt *„Fafa“*. Er klatscht auf seinen Popo und seinen Bauch und sagt *„Bobo“* und *„Bau“*. Dann zeige ich ihm „**waschen**“ und komme mit dem Waschlappen. Er macht willig mit (ohne Ankündigung per Gebärde nicht unbedingt ...), zeigt aber „**heiß**“ und sagt *„eis“*, falls ich zu warmes Wasser verwendet habe. Dann deutet er auf die Cremetube und zeigt „**eincremen**“. Wenn ich ihn erinnere, ***„bitte“*** zu sagen, zeigt er „**bitte**“ und sagt *„te“* und freut sich, wenn sein Wunsch erfüllt wird. Während seine Schwester fertig angezogen wird, sitzt er auf dem Boden. Er fragt nach dem *„Ball“* und spielt damit. Verschwindet der Ball, zeigt er ***„Wo ist ...?“*** und sagt *„Ball“* und zeigt z.B. unter den Schrank. Dann kann ich das Spielzeug dort tatsächlich mit größter Wahrscheinlichkeit wiederfinden.

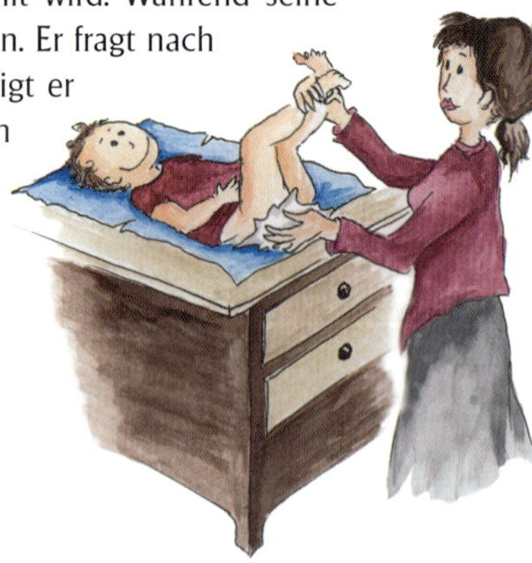

*waschen**

heiß

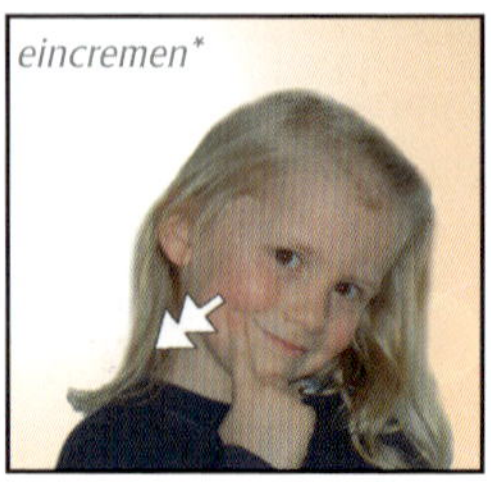

*eincremen**

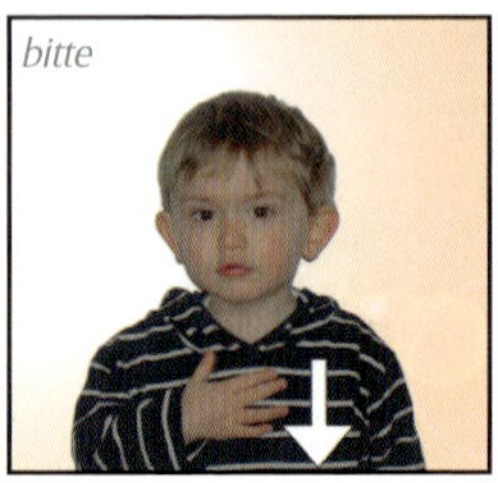

bitte

Wo ist?

Licht

Blume*

Telefon*

Kerze*

trinken

Frühstück:

Wir gehen runter ins Esszimmer. Auf dem Weg dorthin zeigt Noah **„Lampe“**, **„Blume“** und **„Telefon“**und deutet jeweils darauf. Ich bestätige: *„Ja, das ist eine* ***Blume****“* usw. In Küche und Esszimmer angekommen, zeigt mir Noah zunächst alle **„Kerzen“** und dann **„trinken“**. Ich fülle ihm seinen Becher und gebe ihm diesen. (Naja, das mit dem höflich **„bitte“** sagen klappt leider erst selten ..., aber manchmal zeigt er immerhin von allein **„danke“**.) Er spielt, bis der Tisch gedeckt ist (vermutlich mit einem Ball - er ist der totale Ball-Freak). Dann sage und zeige ich: *„Komm* ***hoch****, Noah, wir* ***essen*** *jetzt.“*

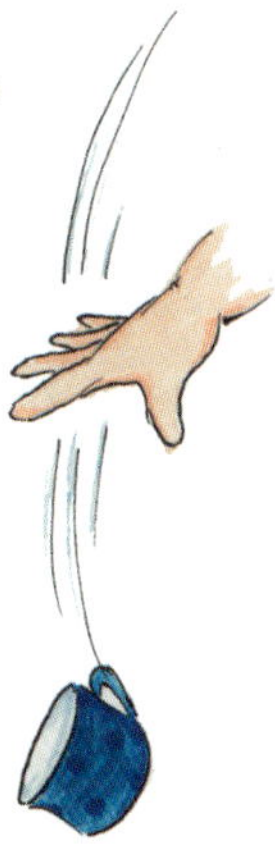

Wir singen ein Tischgebet mit Babygebärden, und er macht ein paar davon schon mit. Beim Essen zeigt er plötzlich **„Musik“**, und da uns allen danach ist, schalten wir den CD-Player an. Fällt etwas runter (eigentlich bei jedem Essen), zeigt Noah **„runterfallen“** und sagt *„batsch!“*. Wir machen ihm vor, dass er

bitte

danke

hoch*

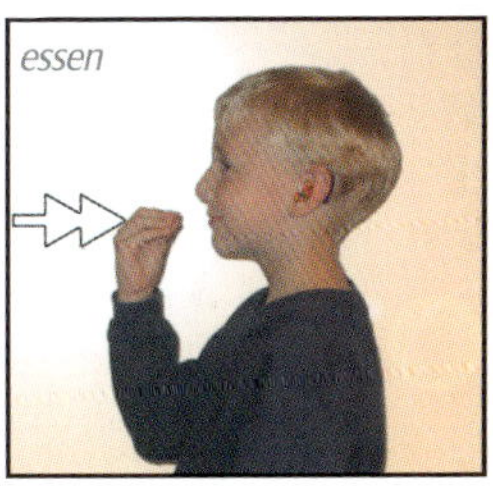
essen

Musik

runterfallen

jetzt „**Entschuldigung**“ zeigen sollte ... Oft tut er es dann auch. Wenn sein Teller leer ist, frage ich ihn und zeige: *„Möchtest du noch* ***mehr*** *haben?“* Wenn das der Fall ist, wiederholt er die Gebärde für „**mehr**“ und sagt vielleicht noch *„ja, ja!“* Wenn nicht, sagt er *„nein“*. Frage ich und zeige ihm: *„Hast du* ***genug****?“*, dann zeigt er „**genug**“. Ich zeige ihm „**waschen**“ und mache seine Händchen und den Mund sauber und frage ihn mit Gebärden: *„Möchtest du* ***runter*** *und* ***spielen****?“* Er wiederholt „**runter**“, wird aus dem Hochstühlchen gehoben und ab geht die Post.

Bevor wir zum Kindergarten losgehen, muss die große Schwester noch auf die Toilette und braucht meine Hilfe dabei. Ich sage und zeige Noah: *„Ich gehe kurz mit Lou-Ann zur* ***Toilette****. Ich komme* ***gleich*** *wieder!“* Er spielt zufrieden weiter, bis wir wiederkommen (ohne Gebärde heult er uns hinterher und folgt uns ...). Wenn Papa das Haus verlässt, zeigt dieser: *„Ich gehe jetzt* ***arbeiten*** *- tschüss ihr Lieben!“* und **winkt**. Noah wiederholt „**arbeiten**“, **winkt** auch und sagt - irgendwann - *„Tüs!“* (= tschüss).

Am Vormittag:

Mir fällt ein: *„Wir müssen noch* **Zähne putzen**!*“*, Noah wiederholt die Gebärde, und alle folgen mir ins Bad.

Danach wird Lou-Anns Rucksack gepackt und ich zeige: *„Wir gehen* **raus**. *Du darfst* **Fahrrad** (in seinem Fall: Dreirad) *fahren, Noah!“* (Wenn er etwas älter ist, werde ich ihm erklären: *„Dieses* **Fahrrad** *heißt „Dreirad“.“*). Schuhe werden angezogen, und Noah lispelt *„Fus“* (= Fuß), dann klopft er auf seinen Kopf (seine selbst ausgedachte Babygebärde für „**Mütze**“). Dauert ihm die Anziehprozedur zu lange, sagt er *„aus, aus!“* und geht schon mal zur Tür. Auf dem Weg zum Kindergarten und zurück zeigt er „**Hund**“, „**Vogel**“, „**Auto**“, „**Motorrad**“, „**Flugzeug**“, „**Fahne**“, „**Lampe**“, „**Blume**“, „**Fahrrad**“, „**Regen**“, „**Baby**“, „**Huhn**“ und sagt *„Eier“*, *„Tern“* (= Stern), *„Gagack“*, *„Mon“* (= Mond - vor einigen Wochen sagte er dazu noch *„Ball“* ...) - je nachdem, was ihm in den Blick kommt und je nachdem, wie die Leute ihre Gärten und Haustüren dekoriert haben. Am Kindergarten verabschiedet er sich mit **„winke, winke“** von seiner Schwester und sagt *„tüs“* (= tschüss) (allerdings oftmals erst, nachdem wir schon längst wieder auf dem Heimweg sind), während Lou-Ann mir durch die Fensterscheibe vom Kindergarten noch schnell eine ganz, ganz wichtige Nachricht zugebärdet: „**Ich** hab **dich sooooooooooooooo lieb**! **Winke, winke**!“ (Hach, da ist man doch gerne Mama!) Kommen Noah und ich wieder zu Hause an, zeigt er „**zu Hause**“. Oft ist er jetzt schon müde und ich frage ihn und zeige: *„Willst du* **schlafen**?*“* Wiederholt er die Gebärde und sagt *„Teddy“*, kann ich ihn ohne Probleme zum Teddy ins Bett legen, und er wird ohne Geheule einfach einschlafen (und ich habe Zeit für den Haushalt oder sonstiges).

*Haus**

schlafen

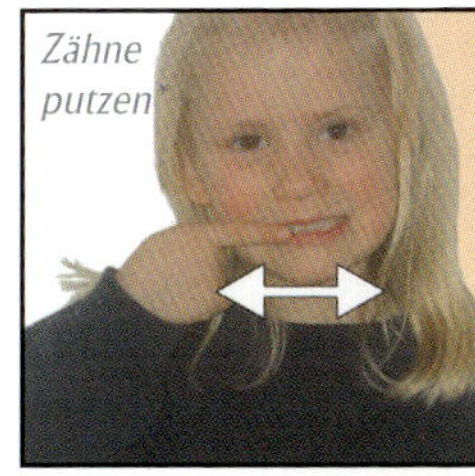

*Zähne putzen**

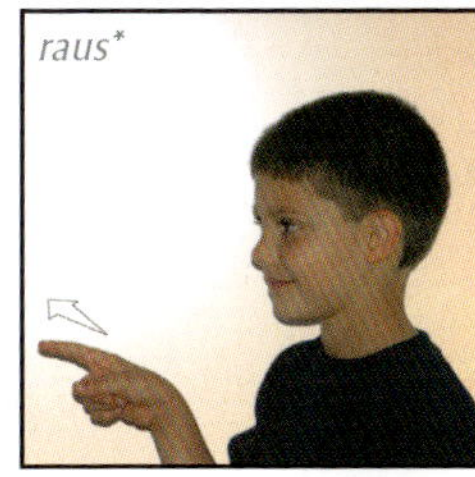

*raus**

*Fahrrad**

*Mütze**

lieb haben

*kochen**

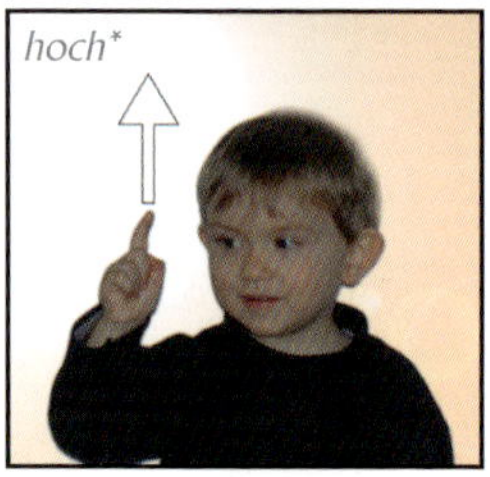
*hoch**

heiß

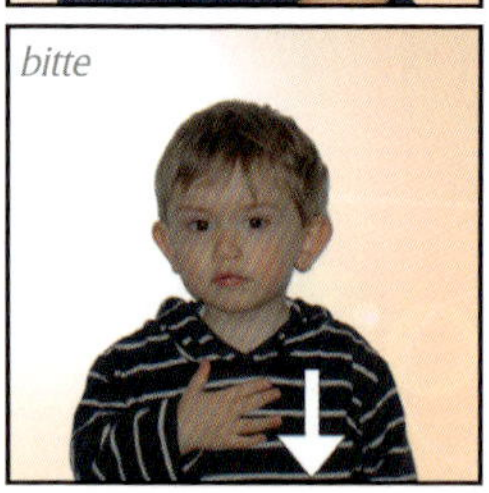
bitte

schlafen

Am Mittag

Das Mittagessen lasse ich mal aus, das läuft so ähnlich ab wie das Frühstück, außer vielleicht, dass ich Noah vorher zeige, dass ich „**koche**“, er „**hoch**“ und zugucken möchte und er mir dann auf der Trittleiter inzwischen schon von selbst zeigt, dass die Bratpfanne „**heiß**“ ist. Wenn er probieren möchte, zeigt er (tatsächlich von alleine! **;-)**) „**bitte**“. Und wenn das Mittagessen aufgefuttert ist, zeigt er mir manchmal schon von allein per Gebärde, dass es wieder Zeit ist, „**schlafen**“ zu gehen.

Auto

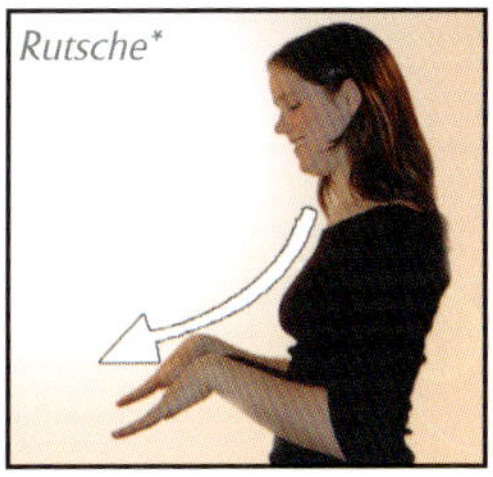
Rutsche*

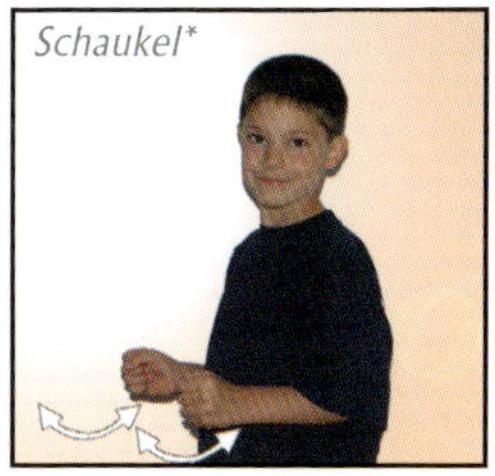
Schaukel*

Am Nachmittag:

Je nachdem, was auf dem Programm steht, beobachtet Noah, dass sich die Waschmaschine **dreht** (wenn Wäschewaschen dran ist) und ahmt mit seinem Zeigefinger die Drehbewegung nach, oder er gebärdet „**Auto**“, wenn wir damit unterwegs sind, oder „**Rutsche**“, „**Schaukel**“ oder „**Sand**“, wenn wir auf dem Spielplatz sind.

Sand*

Möchten beide Kinder unterwegs etwas „**essen**“ oder „**trinken**“, ist das eine gute Gelegenheit, über das „**Teilen**“ zu sprechen. Die Gebärde kennt Noah schon gut, und wenn sie kommt, ist er in der Regel sehr bereitwillig zu teilen (ohne Gebärde dagegen ganz und gar nicht ...)!

essen

gleich

Wenn wir einkaufen gehen, zeigt er mir im Laden mit großer Wahrscheinlichkeit, dass er etwas aus dem Einkaufswagen „**essen**“ möchte, und ich antworte ihm: *„**Gleich**, ich muss erst **bezahlen**!“* Meist muss ich das zwar ein paar Mal wiederholen, aber normalerweise geht es ohne Geschrei ab.

Buch

trinken

bezahlen

Wenn wir uns ein „**Buch**“ anschauen, gibt es viele Gelegenheiten zum Gebärden, je nach Inhalt des Buches. Am liebsten mag er Bücher mit Tierbildern oder Fahrzeugen, vielleicht, weil man diese Gebärden so lustig mit den entsprechenden Geräuschen unterlegen kann. Bin ich gerade beschäftigt, guckt er sich allein ein Buch an und „erzählt“ sich (macht die Gebärden dazu!), was darin zu sehen ist.

teilen

Telefon*

Klingelt das Telefon und ich höre es womöglich gerade nicht, kann ich mir sicher sein, dass Noah mir „**Telefon**“ gebärden wird. Er kann schon eine richtige Hilfe sein!

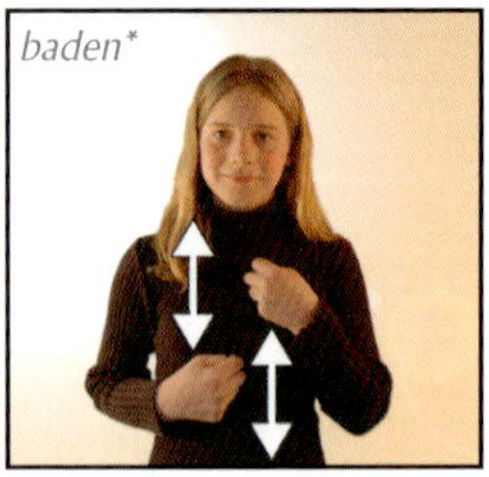

Am Abend

Das Abendbrot lassen wir hier der Einfachheit halber aus. Es läuft ganz ähnlich ab wie das Frühstück und Mittagessen. Durch Wiederholung prägen sich die Gebärden gut ein. Vor dem Schlafengehen wiederholt sich die Wasch-, Wickel- und Zahnputz-Aktion vom Morgen. Meist fragt er nach einem „**Taschentuch**" und freut sich, wenn er sich ein Blatt vom Toilettenpapier abreißen darf. Deute ich auf die Badewanne und zeige, dass Noah und Lou-Ann gleich darin „**gebadet**" werden, jauchzt er. Zeigt er, wenn er schon in der Badewanne sitzt, die Gebärde für „**Toilette**" und sagt *„ette"*, hat er mit ziemlich großer Wahrscheinlichkeit ins Badewasser gepullert ... Liegt er nackig auf dem Wickeltisch und zeigt dort diese Gebärde, geht man besser schnell in Deckung!

Ab ins Bett

Wenn ich ihn ins Bett lege, frage ich Noah vorher noch: *„Willst du etwas* ***trinken****?“* Wenn ja, wiederholt er die Gebärde, oder er sagt *„nein“.* Dann wird gebetet und ein Gute-Nacht-Lied gesungen. Danach wünsche ich ihm *„Gute Nacht,* ***schlaf*** *gut!“* Vielleicht wiederholt er die Gebärde. Meist liegt er aber schon auf der Seite mit Daumen im Mund und Teddy im Arm. Sage und zeige ich dann aber noch **„Ich hab dich sooo lieb!“**, dreht er sich noch einmal zu mir hin und grinst mich freudestrahlend an, weil er schon weiß, dass er jetzt noch mal geknuddelt oder wild gekitzelt wird. Ganz selten kommt es jetzt auch schon zum größten Glück des Mutterherzens vor, dass er die Gebärde für **„lieb haben“** wiederholt – hmmm!!! Dann ist sein Tag (hoffentlich) fertig (und ich bin es meistens auch). **;-)**

trinken

schlafen

Noah (27 Monate) bringt Mamas Herz zum Schmelzen ...

Hinweis: "lieb" kann man mit offenen oder geschlossenen Händen gebärden.

Ich (habe)

dich

soooo

lieb!

Ich liste mal auf, welche Worte und Gebärden in Noahs Tag vorkamen, als er 15 Monate alt war:

arbeiten, Auto, Baby, baden, Ball, batsch!, Bauch, bezahlen, bitte!, Blume, Buch, danke, Eier, eincremen, Entschuldigung!, essen, Fahne, Fahrrad, Flugzeug, Fuß, genug, gleich, heiß, Huhn, Hund, hoch, ja, Katze, Kerze, kochen, Licht, lieb haben, Mama, mehr, Milch, Mond, Motorrad, Mütze, Musik, nein, Papa, Popo, raus, Regen, runter, Rutsche, Sandkasten, Schaukel, schlafen, spielen, Stern, Taschentuch, Teddy, Telefon, Toilette (mal müssen), trinken, tschüss, Vogel, waschen, Waschmaschine, weinen, Windel wechseln, winken, Wo ist ...?, Zähne putzen, zu Hause

Das waren, wenn ich mich nicht verzählt habe,

4 Gebärden, die Noah versteht, aber (noch) nicht selbst benutzt,
38 Gebärden, die er aktiv benutzt,
14 Gebärden, die er gleichzeitig neben dem gesprochenen Wort benutzt, und
10 Worte, die er ohne Gebärde benutzt, zum Teil noch unklar ausgesprochen

= 66 Begriffe!

Ist es nicht toll, wie viel Kommunikation im Alter von 15 Monaten schon möglich ist?! Ich finde, der Einsatz und die Geduld haben sich vollkommen gelohnt!

GANZ WICHTIG:
Aber bitte nie vergessen: Jedes Kind ist anders und entwickelt sich nach seinem ganz persönlichen „Fahrplan"! Erfahrungen, die man mit einem Kind gemacht hat, können nie Richtwerte für andere – sprich: für Ihr Baby – sein!

Im weiteren Verlauf des Buches werde ich immer mal wieder kleine „Anekdoten" und persönliche Erfahrungen von meinen beiden Wonneproppen oder von Freunden einstreuen. Meist sind sie im Text grau geschrieben oder stehen als Randnotiz orange um den Text herum, wie auch auf dieser Seite. Wenn Sie Zeit und Lust haben, können Sie sich diese „Geschichtchen" gerne zu Gemüte führen, aber, um Lesezeit zu sparen, können Sie sie auch getrost weglassen.

Eine Beobachtung noch zum Abschluss, die mich selbst verblüfft hat: Als Lou-Ann fast dreieinhalb Jahre alt war, begann sie auf einmal, wieder viel mehr Gebärden zu gebrauchen. Sie benötigte die Gebärden eigentlich nicht mehr, da sie schon lange gut sprechen konnte. Noah (damals 15 Monate) schien sie wieder ganz neu zu motivieren und auch die Tatsache, dass Mama und Papa sich immer so freuten, wenn er eine Gebärde richtig anwendete. Aber, und das war das Neue daran, jetzt wollte sie die Gebärde GANZ richtig machen und die PERFEKTE Finger- und Handhaltung von uns gezeigt bekommen! Und als Lou-Ann 5 Jahre alt war, entwickelte sie großen Spaß daran zu versuchen, ganze Sätze zu gebärden. Sie war da sehr kreativ, und es ist erstaunlich, was man mit doch recht wenigen Gebärden (im Vergleich zum Vokabular gehörloser Kinder) trotzdem alles ausdrücken kann!*

Wenn Sie jetzt auch schon so begeistert von der Thematik sind wie ich, dann haben Sie bestimmt Lust, es nun ganz praktisch werden zu lassen. Vielleicht haben Sie sogar eben bei den Geschichtchen die Gebärden ausprobiert? – Dann sind Sie ja schon mittendrin!

* Als Lou-Anns Papa aus beruflichen Gründen ins Ausland flog, gebärdete sie (5 Jahre alt) beim Mittagessen z.B.: „**Papa** (fliegt mit dem) **Flugzeug** (weg), deshalb bin **ich traurig** ..." – schnüff!

Papa

Flugzeug

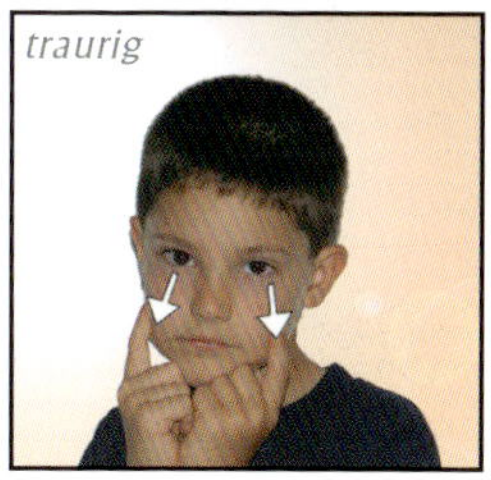

traurig

Praktisches

Wann Mama und Papa mit den Gebärden loslegen

Kinder von gehörlosen Eltern bekommen Gebärden schon von Anfang an gezeigt. Zwar können alle kleinen Wonneproppen erwiesenermaßen in der ersten Zeit nach der Geburt noch gar nicht weit sehen, aber sie nehmen dennoch nach und nach als Erstes ihre Umwelt über die Augen wahr und dann über die Finger (die dann bald alles in den Mund stecken). Mit Augen und Händen (und Mund) begreift Wonneproppen also als Erstes. Genau die richtige Voraussetzung für Babygebärden! Aber wann sollten *nicht-gehörlose* Eltern anfangen, in ihren Alltag Gebärden einzubauen?

Experten raten, zwischen dem 6. und 10. Lebensmonat mit dem Gebärden zu beginnen, da sich in dieser Phase das nötige Denkvermögen und die nötige Fingerfertigkeit bei den Babys entwickelt.[1]

Sie erkennen, dass es losgehen kann,

- wenn Sie das Gefühl bekommen, dass Ihr Baby versucht, gezielt Kontakt mit Ihnen aufzunehmen und Ihnen etwas mitzuteilen (z.B. zupft es am Hosenbein, um hochgenommen zu werden, oder es quengelt „hmmmmhmmm!“, um etwas zu bekommen);
- wenn Ihr Baby winken, klatschen, auf etwas zeigen oder auf andere Art gezielt die Hände verwenden kann;

- wenn es sich für Bewegungslieder und Fingerspiele begeistern lässt und versucht mitzumachen;
- wenn es sich für Bilderbücher interessiert, sie sich selber nimmt und anschaut und
- wenn es vielleicht sogar schon selbst Gebärden erfindet und anwendet.

Bewegungslieder, wie z.B. „Wer will fleißige Handwerker sehn“, „Zehn kleine Zappelmänner“ und Fingerspiele wie z.B. „Himpelchen und Pimpelchen“, „Hier hast du 'nen Taler“ usw.

Meine Tochter schnupperte, wie schon erwähnt, immer in die Luft, wenn sie eine Blume sah, und mein Sohn pustete, sobald er eine Kerze sah – sehr niedlich!

Auch früher anfangen ist möglich

Ich bin zwar keine wissenschaftliche Expertin, aber als erfahrene Mutter von immerhin zwei „Versuchskaninchen" halte ich es für sinnvoll, schon früher – so früh Sie mögen – mit dem Gebärden anzufangen – allerdings nur, wenn Sie es Ihrem Geduldsfaden zutrauen!

Sobald Sie nach der Geburt Ihres Wonneproppens Ihren Kopf wieder frei(er) für Neues haben, können Sie beginnen. Ein guter Zeitpunkt wäre, wenn Sie als Eltern bereits eine gewisse Sicherheit im Babyalltag gewonnen haben (wenn das denn je eintritt ...) oder Sie als Mama sich körperlich wieder fit genug fühlen und z.B. mit der Rückbildungs-Gymnastik begonnen haben.

„Warum denn früher anfangen?"

Weil Sie dann mehr Zeit zum Üben der Gebärden und zum Experimentieren haben, wo sich die Gebärden in Ihren Alltag einbauen lassen. Außerdem brauchen die meisten Eltern auch ein paar Tage (Wochen? Monate? ... je nachdem), um ihre Hemmschwelle zu überwinden und sich an diese „Gestikuliererei" zu gewöhnen, die man da so mit seinen Fingern, Armen, manchmal mit fast dem ganzen Körper machen soll.

*hoch**

genug

schlafen

Aber das Tollste ist, wenn Sie früher anfangen:

Selbst wenn Ihr Baby noch zu klein ist, um selbst mit seinen winzigen Händchen Gebärden nachzuformen, werden Sie bestimmt bald beobachten können, dass es Ihre Gebärden schon richtig versteht und entsprechend darauf reagiert. Je später Sie anfangen, desto später wird das passieren.

Vor allem bei meinem Sohn konnte ich das beobachten! (Bei dem habe ich mich nämlich nicht an „die Experten" gehalten, sondern – wie gehörlose Eltern – schon früh mit dem Gebärden angefangen.) Als er sechseinhalb Monate alt war, streckte er mir immer seinen Oberkörper entgegen, wenn ich die Gebärde für „**hoch**" zeigte, und entspannte sich offensichtlich, wenn ich die Gebärde für „**genug (fertig)**" machte, weil er anscheinend schon wusste: *„Wenn Mama dieses Zeichen macht, dann hört sie eeendlich auf, mich z.B. hier auf dem Wickeltisch oder mit dem Breilöffel zu drangsalieren ..."*. Oder er kuschelte sich auf meinem Arm zum Schlafen ein und steckte sich schon mal sein Däumchen in den Mund, wenn ich die Gebärde für „**schlafen**" zeigte.

Eine gehörlose Mutter von zwei hörgeschädigten Jungen berichtete mir, dass ihre Babys mit acht Monaten anfingen, selbst Gebärden zu verwenden – vereinzelte! Also auch eine ganz schön lange Wartezeit ...!

Allerdings:

Die Zeitspanne, bis Ihr Wonneproppen dann schließlich selbst gebärdet, wird so natürlich länger, und das kann für manche Mamas und Papas zu entmutigend sein!

Mama Christiane M. war so entmutigt, dass sie sich vornahm: *„Das war's! Ich hör auf! Bei MEINEM Kind klappt das nicht ...“.* Und genau an diesem Tag fing ihr kleiner Sohn Noah M. dann plötzlich doch von selbst an, die erste Gebärde zu machen! Er war elf Monate alt, saß auf der Treppe und gebärdete plötzlich „**Licht**“ (interessanterweise war das ja bei „meinem“ Noah G. auch die erste Gebärde!). Noah M. hat inzwischen eine kleine Schwester, und ..., richtig, auch sie lernt Gebärden!

Das heißt: Wenn Ihr Geduldsfaden nicht so strapazierfähig ist (oder Ihr Kopf nach der Geburt einfach noch lange nicht frei für Neues ist), dann halten Sie sich lieber an die Experten und fangen zwischen dem sechsten und zehnten Monat an.

Aber egal, wie Sie sich entscheiden, also, ob Sie früher oder später anfangen: Sie werden auf *jeden* Fall viiiiiiiiiiiel Geduld brauchen. Denken Sie daran (wie oben schon erwähnt): Bei den Kindern von gehörlosen Eltern konnte man nach neun Monaten diese vielen (über siebzig) Gebärden beobachten (also, erst nach einem Dreivierteljahr!!!).

Wir selbst mussten bei unserem ersten Wonneproppen vier Monate Ausdauer haben! Freunde noch länger. Also: Nur nicht aufgeben!

Summa summarum - auch Sie kommen ums Warten nicht herum und müssen unter Umständen, selbst wenn Sie sich an die Experten halten, locker mit einigen Wochen oder sogar Monaten rechnen, bis Sie Erfolg sehen.

Doch es lohnt sich! Sie werden es erleben...! (Und falls Sie ausnahmsweise nicht so lange warten müssen, dürfen Sie sich ganz doll beglückwünschen und mich gerne über Ihr phänomenales Glück informieren! Auf meiner Homepage www.letstalkbaby.de gibt es Gelegenheit dafür, oder Sie können mir Ihre Erfahrungen auch per E-Mail an info@letstalkbaby.de schicken – ich würde mich freuen!)

Babygebärden für ältere Kinder

Noch ein Nachtrag:

Gebärden eignen sich nicht nur für kleine Babys! Studien[2] zeigen, dass Kleinkinder *bis zum Alter von 30 Monaten* vom Einsatz der Babygebärden am meisten profitieren.

Auch ältere Kinder, die z.B. langsamer in ihrer Sprachentwicklung sind, profitieren von Babygebärden sowie auch Kinder, die Deutsch als Zweitsprache erlernen. Als Eltern, Erzieher oder Lehrer können Sie durch Gebärden den Wortschatz dieser Kinder um einiges vergrößern und damit das Lernen der deutschen Sprache unterstützen.
Auch für Kinder mit (noch) undeutlicher Aussprache sind Gebärden sinnvoll einsetzbar. Sie sorgen für eine größere Eindeutigkeit im Gespräch miteinander.

Mit 22 Monaten versuchte mir Noah deutlich zu machen, dass er irgendwo hingehen wollte. Ich konnte sein „Gebrabbel" nicht verstehen, bis er schließlich die Gebärde für „Betonmischer" machte. Jetzt wusste ich, dass er mit mir zur Betonmischanlage im nahe gelegenen Industrieviertel spazieren wollte. Er konnte jetzt zwar schon vieles ohne Gebärde ausdrücken, aber bei schwierigen Worten waren Gebärden immer noch eine tolle Kommunikationshilfe!

In allen Fällen werden Gebärden den Kindern helfen, im Bereich der Kommunikation mehr Erfolgsmomente zu erleben. Und wenn sie sich besser mitteilen können, werden sie insgesamt viel motivierter sein, mehr bzw. richtig sprechen zu lernen!

Aus Amerika gibt es interessante Berichte von Lehrern, die Gebärden im (regulären) Schulunterricht mit Erfolg einsetzen. Hier ihre Erfahrungen (ich übersetze frei):

Gebärden

- „steigern die Begeisterung und Bereitschaft zum Lernen,
- beeinflussen die Fähigkeit eines Kindes, aufmerksam teilzunehmen,
- verringern Konflikte im Klassenzimmer,
- steigern das kulturelle Bewusstsein,
- erhöhen die Selbstachtung"[3].

Wenn Ihr Baby also älter als ein Jahr ist, lesen Sie trotzdem ruhig weiter, denn es kann (wird!) sich für Sie und Ihr Kind lohnen![4]

Wie Mama und Papa mit den Babygebärden beginnen und was sie unbedingt beachten sollten

Vorüberlegungen

Nehmen Sie sich allein, oder am besten zusammen mit Ihrem Partner, ein paar Minuten Zeit und überlegen Sie:

Welche zehn Begriffe – z.B. Tätigkeiten, Gefühle, Wünsche, Personen oder Haustiere – sind im Alltag unseres Babys die wichtigsten oder kommen täglich vor?

Diese Begriffe können Sie nun hier notieren:

Mein Vorschlag sieht folgendermaßen aus (aber jedes Baby und jeder Tagesablauf ist anders, also nehmen Sie ruhig Ihre eigenen Ideen):

- **schlafen**
  (schlafen gehen, Bett)

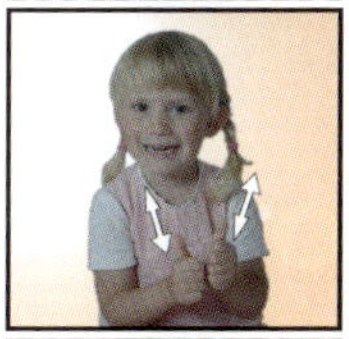

- **Milch**
  (Milch trinken, gestillt werden)

- **Schnuller**

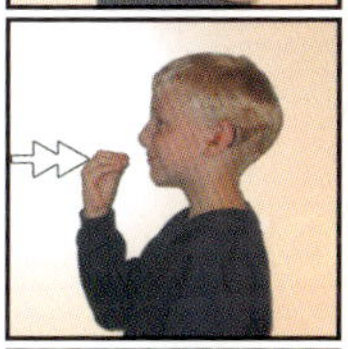

- **essen**
  (Hunger haben)

- **trinken**
  (Durst haben)

- **Aua!**
  (Schmerzen haben, wehtun)

- **genug**
  (aufhören, fertig sein, satt sein, zu Ende)

- **mehr**

- **lieb haben**

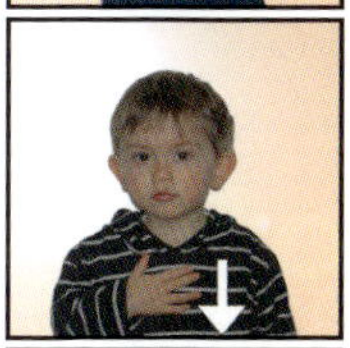

- **ich möchte**
  (ich hätte gern, bitte)

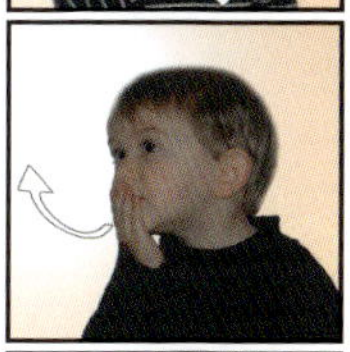

- **danke**

- **Entschuldigung**
  (Es tut mir leid!)

Ups, bei mir sind's zwölf Begriffe. Naja ... **;-)**

Diese Anfangsgebärden haben wir für Sie noch einmal hinten auf die allerletzte Seite gesetzt, damit Sie sie immer ganz schnell zur Hand haben.

Einüben

Ihre Auswahl wird Sie nun die nächsten Wochen oder Monate beschäftigen. Suchen Sie sich von Ihren zehn Begriffen zunächst einen aus.

Mein Vorschlag:

„schlafen (schlafen gehen, Bett)“.
Das lässt sich ganz leicht einüben (vor allem, wenn Sie für Ihren Wonneproppen einen einigermaßen regelmäßigen und damit voraussehbaren Tagesablauf haben).
Hier sehen Sie das Foto mit der Gebärde dafür:

Diese Gebärde hätten Sie auch ohne dieses Buch verstanden, stimmt's? **;-)**

Schauen Sie sich genau an, wie die Handhaltung und auch der Gesichtsausdruck (hier: die Augen) aussehen. (Bei anderen Gebärden zeigen noch zusätzlich Pfeile die dazugehörige Bewegung an.)

Und jetzt nachmachen! So oft, bis Sie sich einigermaßen sicher sind mit der Handführung. (Gar nicht schwierig bei „**schlafen**“, oder?)

Danach wiederholen Sie es zur Kontrolle noch mal vor dem Spiegel (Ups, Augen auf! Und nicht erschrecken! Über diese lustigen Bewegungen und Gesichtsausdrücke darf und wird sich Ihr Wonneproppen von jetzt an köstlich amüsieren! Lassen wir ihm ruhig den Spaß ...).

Und nun: nur Mut! Zeigen Sie doch mal Ihrem Partner oder anderen „Kontrolleuren“ Ihre erste Gebärde. (Das baut Hemmungen ab!). Die sollen - statt sich schlappzulachen - am besten gleich selbst mitmachen und mitlernen! Was bei **„schlafen“** ja für niemanden eine „Überforderung“ darstellen sollte... (Aber üben Sie mal **„Affe“** – mit Geräuschen dazu!) **;-)**

Anwenden

Überlegen Sie jetzt, wann der Begriff **„schlafen"** – wenn wir bei meinem Vorschlag bleiben – heute noch im Tagesablauf Ihres Wonneproppens vorkommt. Also: Wie viele Nickerchen kommen noch und wann die Nachtschlafphase? Nehmen Sie sich vor, jedes Mal, wenn Sie Ihr Kind zum Schlafen hinlegen, einen typischen Satz zu sagen wie z.B.: *„Komm, jetzt gehst du* ***schlafen****!"* (oder welcher Satz auch immer zu Ihnen passt). Suchen Sie möglichst kurze Sätze aus. Wenn Sie *„schlafen"* sagen, machen Sie die Gebärde dazu. Und wenn Ihr Baby im Bettchen liegt, wünschen Sie ihm vielleicht noch *„****Schlaf*** *gut!"* und wiederholen die Gebärde.

Am Ende vom „Kleinen Babygebärden-Lexikon" ab S. 96 finden Sie unter „Beispielsätze und -situationen" zusätzliche wertvolle Hinweise, **wann** man am besten einzelne Gebärden anwendet, sowie Formulierungs-Vorschläge.

Das machen Sie nun ein paar Tage lang, bis Sie ganz selbstverständlich damit umgehen. **Verwenden Sie dabei möglichst immer den gleichen Satz!**

Wenn Sie dann denken: *„Her mit der nächsten Gebärde!"*, dann geht's weiter, zum Beispiel mit **„Milch (= Milch trinken, Milchfläschchen bekommen, gestillt werden)"**. Genau wie mit der ersten Gebärde gehen Sie auch mit dieser vor. (Also, jedes Mal, wenn Sie Ihr Kind stillen wollen, sagen Sie vorher *„Möchtest du* ***Milch*** *haben?"* und zeigen die Gebärde dazu.)

Eine Sache muss ich noch erklären: Bestimmt fällt Ihnen auf, dass Babygebärden mehrere Bedeutungen haben können, eine Gebärde also für mehrere Worte aus unserer Sprache verwendet werden kann. Wie bei meinem ersten Vorschlag **„schlafen (gehen)/müde sein/Bett"** oder bei **„Milch (trinken) (= gestillt werden, Milchflasche bekommen)"**. Suchen Sie sich einfach Ihre Variante aus, die für Ihren Sprach- und Lebensstil am besten passt, und lassen Sie die anderen Vorschläge erst mal weg, um Ihr Baby nicht zu verwirren.

Faustregeln

Damit Ihr Baby versteht, was diese ungewohnte „Gestikuliererei" von Ihnen bedeutet, sollten Sie sich an drei Faustregeln halten, die Sie aber schnell im Kopf haben werden:

Faustregel Nr. 1:

Regelmässig gebärden

– Klar, denn „Übung macht den Meister"!

Faustregel Nr. 2:

Die Gebärden lange Zeit mit **kurzen** und immer den **gleichen Sätzen** begleiten.

– Auch diese Faustregel ist relativ einfach umzusetzen und ziemlich einleuchtend: Ihr Baby wird eine Gebärde und das dazugehörige Wort am schnellsten wiedererkennen, wenn Sie während des Gebärdens immer den gleichen, möglichst kurzen Satz verwenden. Lange Sätze sind für Babys noch schwer zu verstehen (quasi ein langes „Blablabla"), und Wortvarianten verwirren es. Wenn Sie z. B. mal vom *„Schlafengehen"* sprechen, beim nächsten Mal vom *„müde sein"*, dann vom *„bubu machen"*, dann vom *„in die Heia gehen"* usw., wird es für Ihr Baby schwieriger (und langwieriger), den Zusammenhang zwischen Gebärde und Wort zu erkennen.

Faustregel Nr. 3:

Der richtige Augenblick

Die Gebärde genau dann machen, wenn Ihr Wonneproppen gerade
mit den Augen hinschaut,
mit den Ohren aufhorcht,
mit dem Finger hinzeigt,
offensichtlich seine Aufmerksamkeit genau darauf ausgerichtet ist!

– Im Klartext: Sie müssen versuchen, sich ein wenig in die Welt Ihres Kindes hineinzudenken.

Da diese Faustregel Nr. 3 erfahrungsgemäß am schwierigsten umzusetzen ist, folgen jetzt ein paar Beispielsituationen für Sie, die alles veranschaulichen sollen.

- Sprechen Sie nur vom **„Schlafen"** (und machen die Gebärde dazu), wenn Sie das Kind wirklich *gerade* schlafen legen oder *während* es schon im Bettchen liegt. (Baby reibt sich die Augen und denkt vielleicht *„Müde! Will schlafen!"* oder *„Oh schön, endlich Ruhe!"*.)
  Apropos: Feste, immer wiederkehrende Abläufe beim Zubettbringen - so genannte „Rituale" - helfen ja den Babys beim Einschlafen (dazu gibt es viele Bücher und immer wieder Artikel in Eltern-Zeitschriften). Die Babygebärden können dabei absolut unterstützend sein, wenn Ihr Wonneproppen nämlich bald weiß: *„Immer, wenn Mama diesen einen Satz sagt und diese eine Gebärde dazu macht, dann ist es Zeit für mich, mich einzukuscheln und die Augen zu schließen."* Und es kann auch anderen (dem Babysitter, der Oma) mehr Sicherheit geben, wenn diese – statt der Eltern – das Baby hinlegen möchten.

- Zeigen Sie nur **„Milch"**, wenn Sie *gleich* auch die Milch geben (Baby denkt vielleicht: *„Hunger!", „Durst!", „Kuscheln!"*) oder *während* Ihr Baby trinkt und genießt (*„Hmmm – lecker!"*).

- Zeigen Sie **„Toilette"** nur, wenn Ihr Kind *in diesem Moment* offensichtlich in die Windel drückt (*„Puuuh, geht das schwer!", „Oh, tut das gut!", „Wird das schön warm!"*) oder es die Toilette unter die Lupe nimmt (wo das wohl hingeht), oder wenn Sie *gerade* selbst auf der Toilette sitzen oder dahin gehen (*„Oh, Mama setzt sich wieder auf dieses komische, blubbernde Ding!"* oder *„Mama geht in den Raum mit den besonderen Gerüchen ..."*).

- Machen Sie nur die Gebärde für „**Papa**", wenn *plötzlich* seine *Stimme zu hören ist* oder er *plötzlich den Raum betritt* und Ihr Baby *aufschaut, aufhorcht, den Kopf* zu ihm *hindreht,* es *zu strahlen anfängt* oder es *erwartungsvoll in die Richtung guckt, aus der die Stimme zu hören ist.* (*„Ah, da kommt der lustige, große Mensch mit tiefer Stimme und kratzigen Backen!", „Juchhu! Zeit zum Rumtoben!"*)

- Gebärden Sie „**Schmetterling**", wenn Sie *sich zusammen ein Bilderbuch ansehen* und Ihr *Kind gerade fasziniert* auf den Schmetterling schaut. Oder wenn es beim Spaziergang draußen einem flatternden Schmetterling fasziniert hinterherschaut. Vielleicht *zeigt* es sogar *darauf, sagt „da!" und guckt Sie auffordernd an* (*„Uii, sieh mal, Mama, das lustige Ding da im Buch auf dem Baum!", „Da, was ist denn das, Mama?! Sag's mir!"*).

Falsch wäre es – wenn wir bei unserem Beispiel vom „**Schlafen**" bleiben, wenn Sie die Gebärde dafür zeigen, während gerade der Fernseher läuft und Ihr Baby fasziniert dahin schaut und dementsprechend etwas ganz anderes im Sinn hat.
„Was?", fragen Sie sich jetzt vielleicht. *„Heißt das etwa, ich darf immer nur vom „**Schlafen**" reden, wenn schon das Bettchen in Sicht ist oder das Kind sich die Augen reibt und gähnt?"*
... Ja! ... Und nein! ...

„Wie bitte?!"

„**Ja**!" gilt für die Anfangszeit, wenn Ihr Wonneproppen die Gebärde - in unserem Beispiel für „**schlafen**" - gerade erst neu lernen soll. Dann machen Sie die Gebärde am besten wirklich nur, wenn das Bettchen schon zu sehen ist oder sich das Kind die Augen reibt und gähnt und Sie es sofort ins Bett legen. Sonst wird Ihr Baby nämlich nur schwer oder gar nicht den Zusammenhang verstehen zwischen „schlafen gelegt werden" und der Gebärde dazu.

„Und **nein**." Denn nachdem Sie die Gebärde für „schlafen" eine längere Zeit in eindeutigem Zusammenhang gezeigt haben, wird Ihr Baby anfangen, passend darauf zu reagieren. Also, wenn Sie „**schlafen**" zeigen, dann weiß es bald: *„Oh, Mama will mit mir zum Bettchen gehen, und ich darf die Augen zumachen!"* Vielleicht wiederholt Ihr Baby dann selbst die

Gebärde und wird vielleicht sogar ruhiger. Oder es steckt schon den Daumen in den Mund, kuschelt sich bei Ihnen ein, sucht nach der Schmusedecke oder reibt sich die Augen. Dann können Sie sicher sein: *„Okay, ab ins Bettchen!"*

Wenn Sie das bei Ihrem Baby beobachten - aber erst dann -, können Sie die Gebärde für **„schlafen"** auch unabhängig vom Bett zeigen. Dann können Sie z.B. auch unterwegs im Auto fragen und gebärden: *„Bist du müde und möchtest du* ***schlafen****?"* Wenn wieder die passende Reaktion kommt, machen Sie es Ihrem Baby gemütlich, ziehen den Autositz in Schlafposition, ziehen an der Spieluhr, verdunkeln ein bisschen oder was sonst bei Ihnen zum Schlafengehen gehört. Wenn Ihr Kind jetzt aber sogar noch stärker schreit, dann fehlt ihm wohl etwas anderes ...

Sie können also eine Gebärde zeigen, auch wenn nicht sicher ist, ob Ihr Baby gerade selbst daran denkt oder wenn die gezeigte Sache gerade nicht zu sehen, zu hören, zu riechen oder zu fühlen ist,

- wenn Ihr Baby bereits eindeutig auf die Gebärde reagiert,
- und auf jeden Fall, wenn Ihr Baby die Gebärde schon selbst anwendet.

Solange diese Kennzeichen bei Ihrem Baby noch nicht zu beobachten sind, halten Sie sich lieber an die Faustregel. Sonst geht es Ihnen beiden womöglich so:

Ein anderes anschauliches Beispiel zum Schmunzeln: Die kleine Nora ging mit ihrer Mama auf der Dorfstraße spazieren. Sie muss so ausgesehen haben, auf jeden Fall fragte ihre Mutter sie: *„Dir ist langweilig, gell?"* Seit diesem Tag sagt Nora jedes Mal, wenn sie gemeinsam diese Straße entlang gehen: *„Mir ist langweilig!"*, auch wenn das gar nicht der Fall ist!
Verstehen Sie, was hier passiert ist? (Dann haben Sie die Faustregel schon intus!)
Als Noras Mutter das neue Wort „langweilig" einführte, hatte Nora offensichtlich gar nicht ihre Gefühlslage im Kopf. Stattdessen denkt sie jetzt, dass „langweilig" irgendetwas mit dieser Dorfstraße zu tun haben muss, wo sie das Wort gelernt hat ... – Kinder-

Den Wortschatz erweitern

Nach und nach führen Sie Ihre ersten zehn Begriffe in Ihren Alltag ein. Bleiben Sie ruhig bei diesen zehn, bis Sie das Gefühl bekommen, Ihr Baby reagiert auf die Gebärden. Das tut es, wenn es beispielsweise zu strahlen anfängt, sobald Sie die Gebärde zeigen. Nach dem Motto: *„Juchhu, Mama versteht mich!"* Oder wenn es sich entsprechend verhält, sich beispielsweise einkuschelt und den Daumen in den Mund steckt, wenn Sie „**schlafen**" ankündigen. Oder es den Kopf zur „Quelle" dreht und den Mund aufsperrt, wenn Sie „**Milch trinken**" anbieten usw. Dann - und allerspätestens, wenn Ihr Wonneproppen nicht nur darauf reagiert, sondern schon *selbst* Gebärden benutzt - können Sie Ihren Wortschatz erweitern und neue Gebärden hinzunehmen.

„Und welche Gebärden?"

Wahrscheinlich werden Sie sich das kaum selbst überlegen müssen. Ihr Baby kann Ihnen selber gut deutlich machen, welche Gebärden als Nächstes dran sind! **Nämlich die Gebärden für die Dinge, die bei ihm besonderes Interesse oder Gefühle wecken.**

Vielleicht schleppt es ein Spielzeug her und schaut Sie fragend an? Steht am Fenster und betrachtet verdutzt die Schneeflocken draußen? Fängt jedes Mal an zu weinen, wenn Sie den Staubsauger anmachen? Oder es sieht oder hört etwas beim Spazierengehen und blickt dann zu Ihnen auf? Diese Begriffe sollten Sie ihm als Nächstes beibringen!

Oder aber Sie nehmen sich ein Lieblingsbilderbuch Ihres Wonneproppens vor (oder Ihr eigenes) und üben kurz die Gebärden für die abgebildeten Gegenstände. Dann schnappen Sie sich fröhlich Ihr Baby und gehen, solange es Ihnen beiden Spaß macht, die Seiten durch. (Wenn Ihr Baby schon selbst umblättern kann, lassen Sie es ruhig selbst bestimmen, welche Seiten es mag und wie lange es Lust hat, sie sich anzusehen.). Ganz toll eignen sich dafür auch die Seiten des „Kleinen Babygebärden-Lexikons" hier im Buch ab S. 75 oder das „Große Babygebärden-Lexikon" in Band 2. Beide sind nämlich extra für Sie und Ihr Baby wie ein Bilderbuch aufgebaut, und Sie sehen dort auch immer gleich die dazugehörige Gebärde zum Bild.

Ansonsten überlegen Sie einfach, was *Ihnen* wichtig ist. Vielleicht üben Sie Warnungen, wie ***„Achtung, heiß!"***, oder bestimmte Tätigkeiten, wie *„Komm,* ***aufräumen!"***, oder bestimmte Verhaltensweisen, wie *„Können wir* ***teilen****?"* usw.

Aber es stimmt:

> Am schnellsten lernen Babys die Gebärden zu den Begriffen, die sie selbst am meisten interessieren.

Die Gebärde „aufräumen" wird also mit ziemlich großer Wahrscheinlichkeit leider nicht dazu zählen... **;-)**

Vielleicht gehören Sie aber auch zu jenen Eltern, denen fünf bis zehn Gebärden völlig ausreichen? Das ist okay so! Dann belassen Sie es einfach dabei und lassen sich nicht davon aus der Ruhe bringen, dass dieses Buch noch weitere Gebärden anbietet. Schon diese von Ihnen ausgewählten fünf bis zehn Gebärden können Ihnen eine große Hilfe im Baby-Alltag sein. Und allein darum geht es und nicht um eine Art „Babygebärden-Leistungswettkampf".

Und nur, wenn es Ihnen wirklich Spaß macht und Sie der Ehrgeiz packt oder Sie von Ihrem Wonneproppen ermutigt werden, noch mehr Begriffe einzuführen, dann tun Sie es!

Für mich waren und sind die beste Motivation meine eigenen Wonneproppen. Es ist so süß, wenn z.B. mein Sohn vor einem Buch sitzt, darin herumblättert und mich dann fragend anschaut: *„Mama, was ist das? Zeig's mir!"* Dann ist mir (fast) keine Mühe zu groß. Notfalls sage ich: ***„Gleich,*** *warte kurz, ich muss schnell nachschlagen!"*, suche die Gebärde im Buch und mache sie ihm dann vor. Falls ich keine Gebärde dafür finde, denke ich mir einfach eine aus. Alle Mühe wird belohnt, wenn er dann gleich versucht, die Gebärde selbst zu wiederholen. Und sie in einer anderen Situation dann auch richtig einsetzt! Es ist *so* erstaunlich, was Babys schon alles denken und richtig kombinieren können, wenn wir ihnen nur die Möglichkeit geben, ihre Gedanken selbst auszudrücken! Ermutigt Sie das? Ich hoffe es!

Wenn das der Fall ist, dann wird Sie auch der nächste Abschnitt interessieren:

Was Wonneproppens Gebärden fördert

Wenn Sie sich entschieden haben weiterzumachen, dann möchten Sie vielleicht wissen, wie Sie Ihren Wonneproppen unterstützen können, damit das Erlernen der Babygebärden wirklich klappt. Hier ein paar wertvolle Hinweise dazu:

Regelmäßig

- Beginnen Sie, wie bereits beschrieben, zunächst nur mit einer *kleinen Auswahl an Gebärden* und verwenden Sie sie *möglichst regelmäßig* (vgl. Faustregel Nr. 1). Also, die Gebärde für „**Milch**" IMMER vor dem Stillen machen, die Gebärde für „**Essen**" vor jedem Brei, die Gebärde für „**Hund**" immer dann, wenn der Hund hereinkommt oder bellt ... – also immer, wenn etwas die Aufmerksamkeit des Babys auf sich zieht. Je konsequenter Sie sind, desto intensiver wird sich die Gebärde bei Ihrem Baby einprägen.

  Aber wieder gilt: Keinen Krampf daraus machen! Es soll Spaß machen und das Familienleben bereichern, nicht erschweren!

Hund

Milch

essen

Lautmalerisch

- Manche Gebärden lassen sich wunderbar *mit Lauten unterlegen*, die „**Katze**" mit *„miau"*, „**Wind**" mit ausgepusteter Luft, „**Flugzeug**" mit *„tschiiiiiiiiiiiiiiiiiiiisch"* (oder wie auch immer für Ihre Ohren ein Flugzeug klingen mag), „**Motorrad**" mit *„brumbrumm"* und so weiter. Machen Sie das ruhig! Sie werden sehen, es wird Ihrem Wonneproppen Spaß machen!

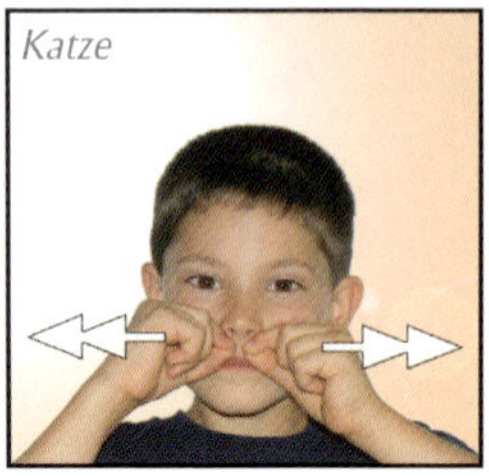
Katze

Flugzeug

Wind*

Motorrad*

Alle Personen

- Verwenden Sie Gebärden nicht nur im Beisein Ihres Babys, sondern *auch gegenüber Ihrem Partner*, Ihren größeren Kindern, Ihren Besuchern (wenn Sie sich trauen). Und ermutigen Sie andere (sprich: alle, die zum regelmäßigen Alltag Ihres Babys gehören), Ihnen auch mit Gebärden zu antworten und sich mit Gebärden ans Baby zu wenden. Das kann sehr lustig werden, versprochen!

Auch ohne Worte

- Um die Sprachentwicklung zu fördern, ist es sinnvoll, so oft wie möglich zur Gebärde auch immer gleich das entsprechende Wort zu nennen. Aber *lassen Sie das gesprochene Wort ruhig auch ab und zu mal weg*. Denn so sieht Ihr Baby, dass es nicht erst das Wort aussprechen können muss, sondern auch die Gebärde allein gilt!
Auch falls Ihr Baby zu den kleinen „Tagträumern" gehört oder ein kleiner „Hans-guck-in-die-Luft" ist und nicht automatisch immer gleich auf Mamas Augen und Hände schaut, kann das kurzfristige Gebärden *ohne* Worte vielleicht dabei helfen, *die Aufmerksamkeit des Babys auf Ihre Hände* zu *lenken*.

Bravo!

- Wenn die ersten zaghaften Versuche des Babys kommen, mit seinen Fingerchen Gebärden auszuprobieren, sollten Sie es unbedingt *loben* und sich deutlich freuen.

Darauf eingehen

- Und vor allem: *Gehen Sie auf das vom Baby „Gesagte" ein.* Also, wenn das Baby nach „**Trinken**" fragt, geben Sie ihm etwas. Wenn es die Gebärde für „**genug/fertig**" macht, hören Sie auf mit dem Füttern oder was auch immer Sie gerade tun. Einmal verwendete meine Tochter die Gebärde für „**genug/fertig**", als ihre Großeltern ihr ein Gute-Nacht-Lied vorsingen wollten – wohl etwas schief!? Wie haben wir gelacht! **;-)** Und keine Angst: Später kann Ihr Kind dann trotzdem noch gut lernen, dass es selbst beim Verwenden von Gebärden auch mal warten muss und nicht immer automatisch kriegt, was es gerne hätte!

trinken

genug

Wenn Ihr Baby Ihnen ein „**Flugzeug**" zeigen will, schauen Sie hin und staunen Sie: *„Jaaa! Ein **Flugzeug**! Und DU hast es entdeckt, toll!"* (oder wie auch immer Sie staunen). *Wiederholen Sie dabei die vom Kind gemachte Gebärde (richtig)* und begleiten Sie sie mit dem dazu passenden lautmalerischen Geräusch. **Richtig** sollten Sie sowieso immer gebärden, aber besonders dann, wenn die Gebärde noch nicht eindeutig von den Baby-Händchen nachgeformt wird. So zeigen Sie Ihrem Wonneproppen, dass Sie ihn verstanden haben und motivieren ihn dadurch.

Flugzeug

Spielerisch

- *Spielerisch* gelingt alles besser, so auch hier. Erfinden Sie z.B. *Suchspiele*:

Wo ist ...?

Puppe

Nehmen Sie ein Lieblingsspielzeug Ihres Kindes (z.B. den Ball oder die Puppe). Zeigen Sie es Ihrem Baby und sagen: *„Sieh mal, **da** ist deine **Puppe**!"* Zeigen Sie bei *„da ist"* auf die Puppe und machen dann die Gebärde für „**Puppe**". Wiederholen Sie es einige Male. Dann verstecken Sie die Puppe hinter Ihrem Rücken oder unter einer Decke und fragen ***„Wo** ist die **Puppe**?"*, indem Sie die entsprechende Gebärdenkombination dazu ausführen:
Wiederholen Sie die Gebärde noch einmal. Dann ziehen Sie die Puppe wieder hervor, zeigen auf sie, strahlen und sagen und gebärden staunend ***„Da** ist die **Puppe**!"* und geben sie Ihrem Kind.

da*

Puppe

Sie können das so oft wiederholen, wie Ihr Baby Interesse zeigt. So lernt es auf lustige Art die Gebärden für Spielzeuge, die Gebärde für „**Wo ist ...?**", das Zeigen

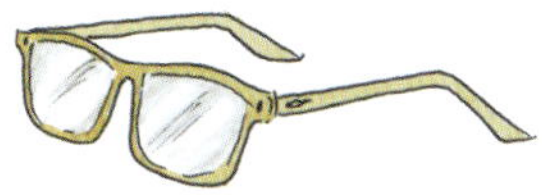

von Gegenständen („**da!**“) sowie das Kombinieren von Gebärden: „**Wo ist?**“ + „**Puppe**“ und „**Da ist**“ + „**Puppe**“. Nebenbei bereitet man Wonneproppen darauf vor, bei Bedarf auch zeigen zu können, wo er sich wehgetan hat oder wo er z.B. Opas Brille versteckt hat – nicht ganz unwichtig ... **;-)**

Bilderbücher

- Eine ganz tolle Möglichkeit, die Sie unbedingt nutzen sollten, ist das bereits erwähnte gemeinsame *Anschauen von Bilderbüchern* mit Ihrem Baby. Sie können Ihr Baby dazu auf den Schoß nehmen. Noch besser geht es allerdings, wenn das Buch zwischen Ihnen und Ihrem Baby liegt oder steht, Sie beide Hände frei haben und Ihr Baby Sie und Ihre beiden Hände gut sehen kann. Wenn Ihr Kind es schon selbst kann, lassen Sie es allein eine Seite aufschlagen. Vielleicht zeigt es dann schon von selbst auf einen Gegenstand oder schaut darauf. Dann erklären Sie z.B.: ***„Das** ist der **Tiger**.“* Bei „**Das ist**“ zeigen sie darauf und bei „**Tiger**“ machen Sie die Gebärde dafür. Machen Sie das so oft, bis Ihr Baby vom Buch weg auf Sie und auf Ihre Hände schaut.

Wiederholen Sie das einige Male und zeigen dann auf einen neuen Gegenstand. Sie werden sehen: Bilderbücher motivieren Sie und Ihr Baby ganz schnell, sich neue Gebärden anzueignen!
Vielleicht bereiten Sie sich sogar schon aufs gemeinsame Anschauen vor und üben im Vorfeld bereits einige Begriffe aus dem Buch. Wenn es Ihrem Kind Spaß macht (und Sie die Zeit haben), können Sie ruhig mehrere Male am Tag oder täglich das Buch anschauen und sich bald ein neues vornehmen.

*da**

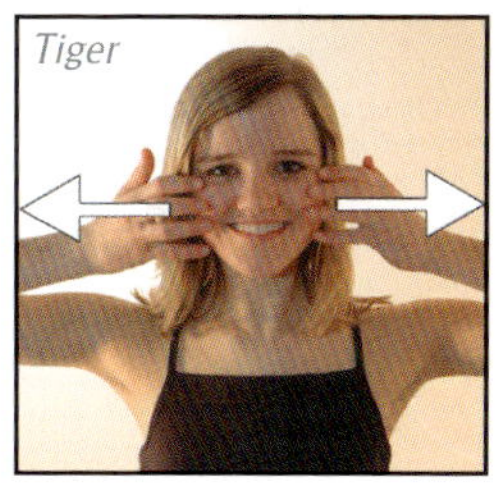
Tiger

Meinen beiden Kindern hat das so viel Spaß gemacht, dass sie sich immer wieder still mit einem Buch auf den Boden setzten und sich selbst daraus „vorlasen“, indem sie die Gebärden dazu machten (Lou-Ann schon mit 14 Monaten). Anfangs bestand ihr „Vorlesen“ lediglich aus Gebärden und oft dem lautmalerischen Geräusch dazu, später aus Gebärden und dem ausgesprochenen Wort parallel dazu, und dann irgendwann nur noch aus dem gesprochenen Wort, ganz ohne Gebärde. Niedlich!

Wiederentdecken

Wussten Sie z.B., wo überall man „Bälle“ entdecken kann? Beim Autofahren (Autofelgen) oder an der Ampel (die hat gleich drei!), am Himmel (den Vollmond), auf vielen Schriftzügen (den Buchstaben „O“), im Auge, an vielen Straßenlaternen, in Blüten, an Weihnachtsbäumen, ... Toll, nicht?! Also: *ermutigend korrigieren!* (*„Du hast Recht! Im Auge ist etwas, das sieht aus wie ein* ***Ball*** *und der heißt* **Iris**!“)

Ermutigend korrigieren

- Helfen Sie Ihrem Baby, neu erlernte *Begriffe* in seiner Umwelt an verschiedenen Orten *wiederzuentdecken* und zu zeigen.

  Vielleicht interessiert sich Ihr Baby gerade besonders für Lichter. Dann zeigen Sie ihm die Gebärde dafür, wenn es gerade wieder nach einem schaut. Wiederholen Sie die Gebärde ein paar Mal, bis Sie sicher sind, dass sie sich bei Ihrem Kind eingeprägt hat. Dann können Sie in den nächsten Raum gehen, zeigen dort auf eine Lampe, knipsen sie an, sagen und zeigen ***„Licht“***.

  Das Gleiche wiederholen Sie bei anderen Lichtquellen. (Besonders effektiv (oder anstrengend ...) wird das in der Weihnachtszeit **;-)**). Beobachten Sie von jetzt an, ob Ihr Kind von allein aufmerksam auf eine Lichtquelle schaut. Versuchen Sie, immer dann die Gebärde dafür zu machen und den Begriff zu sagen. Und seien Sie nicht verwundert, wenn Ihr Kind „Lichter“ entdeckt, auf die Sie nie gekommen wären: z.B. den Mond, blinkende Flugzeuge am Nachthimmel, Ampeln, Lichtspiegelungen usw.

Licht

*Mond**

*Ball**

- Falsch wäre es, im obenstehenden Beispiel korrigieren zu wollen. Sagen Sie nicht: *„Nein, das ist doch kein Licht, das ist der Mond!“*, sondern ermutigen Sie Ihr Kind: *„Du hast Recht! Das ist der* ***Mond****, und der gibt auch* ***Licht****!“* Versuchen Sie, mit Kinderaugen zu sehen, und Sie werden immer wieder staunen!

Lieder mit Bewegung

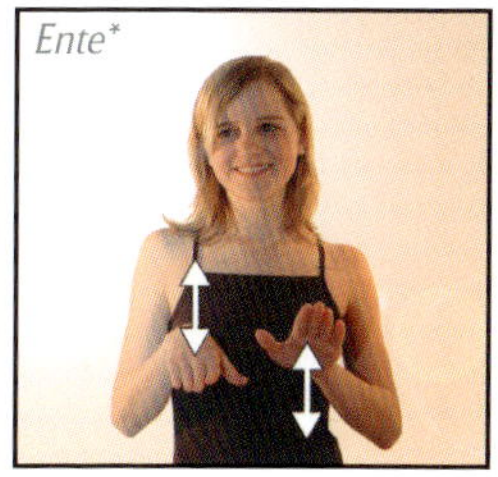

- Wenn Sie zu den singfreudigen Eltern gehören, halten Sie noch eine schöne Möglichkeit in den Händen, die Gebärden (und ebenso die „gesprochene" Sprache) Ihres Babys zu fördern: *Bewegungslieder!* Damit sind einfache Kinderlieder gemeint, bei denen man während des Singens die gesungenen Begriffe mit Bewegungen untermalt.

Auf den Workshops üben wir gerne mit Ihnen einige ein! Wenn Sie wissen möchten, wo und wann es die gibt, schauen Sie nach unter www.letstalkbaby.de oder fragen Sie nach unter info@letstalkbaby.de. In Band 2 finden Sie viele Beispiele für Bewegungslieder sowie für Fingerspiele und bekannte Gebete mit Gebärden.

Es gibt natürlich eine Unmenge an Liederbüchern, mit denen Sie auch selbst erfinderisch werden können. Bestimmt kennen Sie sowieso das eine oder andere Kinderlied auswendig, in dem z.B. Tiere vorkommen. (Wie wär's mit „Alle meine Entchen"?) Überlegen Sie einfach, welche Worte man davon gut in Bewegungen umsetzen könnte - und los geht's!

Mutmachend:

Ihr Kind wird es Ihnen gar nicht krumm nehmen, wenn Sie beim Singen den Ton mal nicht richtig treffen! ;-)

Mimik + Gestik

- *Ihr Tonfall, Ihr Gesichtsausdruck und Ihre Körperhaltung sollten möglichst zu dem Begriff passen,* den Sie als Gebärde zeigen. Das wird Ihrem Kind helfen, die Gebärde und den Begriff dahinter richtig zu verstehen. Also, bei **„Aua!"** wirklich das Gesicht schmerzvoll verziehen, bei **„lieb haben"** lieb anlächeln und vielleicht sogar gleich liebkosen.

Aua!

lieb haben

*dreckig**

*Achtung!**

Bei Noah habe ich ja von Anfang an immer die Babygebärde für „**Ich habe dich lieb**" mit einem Kuss, mit Streicheln oder Kitzeln verknüpft. Als er zehn Monate war, fing er wohl deshalb schon immer an zu strahlen oder zu kichern, noch während ich diese Gebärde zeigte. So süß! Er hatte also schon kapiert: „Lieb*haben*" hat auch etwas mit Lieb*kosen* zu tun.

Bei **„dreckig"** die Stirn runzeln und die Nase rümpfen, bei **„Achtung!"** ernst schauen, klar und bestimmt sprechen und nicht grinsen. Sonst wird Ihr Kind Sie womöglich nicht ernst nehmen ...

Hände führen

- Eine weitere Methode, die Gebärden Ihres Wonneproppens zu fördern, ist folgende: *Sie führen eine Gebärde vor, danach nehmen Sie liebevoll (!) die Hände Ihres Kindes und wiederholen die Gebärde sanft mit ihm zusammen.* Dafür sollte Ihr Baby aber schon vertraut genug mit dem Gebärden sein und wissen, dass man nicht nur mit dem Mund, sondern auch mit den Händen „reden" kann. Wenn Ihr Baby dann erst einmal selbst angefangen hat, Gebärden zu gebrauchen, kann es sogar passieren, dass es Ihnen die Händchen hinstreckt und Sie auffordernd anschaut: „Zeig mir, wie es geht!" Dann tun Sie es! Aber immer liebevoll und geduldig, bestätigend und nicht perfektionistisch oder streng.

Noch mehr Tipps und Kniffe gibt's in Band 2!

Nun habe ich eine kleine Bitte an Sie: Wenn Sie es bisher noch nicht getan haben, dann blättern Sie doch jetzt einmal kurz vor auf S. 71, wo das „Kleine Babygebärden-Lexikon" mit den Gebärden-Fotos beginnt, und betrachten Sie kurz ein paar Fotos auf den nachfolgenden Seiten. Okay, ich warte hier auf Sie ...

... Wieder zurück? Und? Ist Ihnen etwas aufgefallen? Haben Sie gemerkt, dass auf den Fotos keine Babys zu sehen sind, die die Gebärden vormachen, sondern Kinder und Teenager? Am liebsten hätte ich ja nur Babyfotos verwendet, weil das einfach so süß aussieht, wie die Kleinen die Gebärden machen. Aber genau da liegt der Haken: Es sieht zwar sehr niedlich aus, wie Babys Gebärden ausführen, sie machen es aber nicht unbedingt richtig oder „lexikonreif".

Warum nicht? Darum soll es im folgenden Abschnitt gehen.

loben*

Erst, als meine Tochter etwa dreieinhalb Jahre alt war, fing sie an, mich zu fragen: *„Mama, wie geht die Gebärde richtig? Zeig es mir!"*

So gehts richtig: trinken

Wie sich Wonneproppens Gebärden mit der Zeit verändern

Um sich mit Babygebärden ausdrücken zu können, benötigt Ihr Kind neben der nötigen Denkfähigkeit auch die entsprechende Fingerfertigkeit.

> Die Fingerfertigkeit entwickelt sich beim Kind langsamer als die Fähigkeit, in Begriffen zu denken.

Aber, wie gesagt: Übung macht den Meister!
Vielleicht ertappen Sie Ihr Kind sogar mal dabei, wie es heimlich Gebärden übt. Je nach Persönlichkeit ist es für das Kind dann entweder besser, diese Versuche „höflich" zu übersehen oder aber – und das wird bei den meisten Kindern der Fall sein - zeigen Sie Begeisterung darüber! Das wird Ihr Kind ermutigen, weiterhin und noch mehr zu gebärden!

Wundern Sie sich nicht: Es wird (zumindest zunächst) kaum Gebärden geben, die Ihr Wonneproppen von Anfang an perfekt ausführen kann. Die kleinen Fingerchen formen eigene Varianten von manchen Gebärden. So macht Ihr Baby womöglich eine Gebärde mit beiden Händen statt nur mit einer oder umgekehrt. Die Hände werden tiefer oder höher gehalten, als Sie es vormachen. Es verwendet mehr oder weniger Finger als eigentlich richtig. Die Gebärde wird nur einmal gemacht statt wiederholt, die Finger spiegelverkehrt und z.B. zum Kopf hin- statt vom Kopf weggehalten usw.

Und wissen Sie was? Das ist okay so! Seien Sie **GANZ** großzügig! Bestimmt – und das ist das Wichtigste bei der ganzen Sache – werden Sie trotzdem erkennen, welchen Begriff Ihr Kind mit seinen Fingerchen zeigen will. Aber wiederholen Sie die Gebärde und zeigen Sie den Begriff immer RICHTIG. Nach einigen Wochen oder Monaten können Sie Ihrem Kind, wenn es das gern und ohne Zwang mit sich machen lässt, sanft die Hän-

*Auch unser Sohn war kreativ! Hier zeigen Lou-Ann (dreieinhalb Jahre) und Noah (16 Monate) seine Gebärden-Kreation von **„trinken"**.*

de und Finger führen und ihm dadurch den Begriff richtig beibringen. Aber vielleicht mag Ihr Kind das auch nicht, dann belassen Sie es bei der kindlichen Variante. Sie können sie ja als „familiären Dialekt" oder „Baby-Slang" sehen! Es gibt ja auch beim „richtigen" Sprechen diese typischen, putzigen „Versprecher". Also ruhig nicht astrein ausgeführte Gebärden fröhlich zulassen und trotzdem positiv darauf reagieren!

Lou-Anns häufigster Versprecher war lange Zeit „Wastlagen" (statt Lastwagen). Und mein Favorit ist ist der von Klein-Britta: „Metterschlingel" (statt Schmetterling).

Staunen werden Sie vielleicht über Folgendes (habe ich schon mal kurz erwähnt): Es kann sein, dass Ihr Wonneproppen selbst Gebärden erfindet! Nämlich dann, wenn etwas *ausgesprochen* wichtig für ihn ist und Sie ihm nicht schnell genug die Gebärde dafür liefern.

*Blume**

Musik

Unsere Tochter erfand ja, wie bereits erzählt, „Naserümpfen" (= schnuppern) für „**Blume**" und „auf der Stelle hin- und herwackeln" für ... richtig: „**Musik**"! Viel später bemerkte ich immer wieder, dass sie versuchte, mich nach einer Gebärde zu fragen. Sie zeigte dann auf ein Bild oder einen Gegenstand und sah mich fragend an oder hielt mir sogar ihre Hände entgegen.

Nach den Fotoseiten des „Kleinen Babygebärden-Lexikons" haben wir deshalb für Sie Extra-Seiten zur persönlichen Gestaltung freigelassen. Dort ist Platz, um selbst ausgedachte Gebärden zu notieren, damit Sie sie nicht vergessen. Sie können natürlich auch versuchen, Ihrem Kind immer die „offizielle" Gebärde beizubringen, z.B. wenn Sie lieber möchten, dass Ihr Kind allgemein verständliche Gebärden verwendet. Für Ihr Baby kann es allerdings mehr Wertschätzung und Ernstnahme ausdrücken, wenn Sie seine eigene Gebärde übernehmen.

Erst nach und nach lernen die Kleinen, in Kategorien zu denken und Details zu unterscheiden.

Noch ein ganz wichtiger Punkt zur Entwicklung der Babygebärden Ihres Kindes: Zur Babygebärden-Sprachfähigkeit gehört ja nicht nur die „Fingerfertigkeit", sondern auch die „Denkfähigkeit" der Babys.

Als Beispiel: Bevor ein Baby zwischen Säuglingen, Kindern, Teenagern, Erwachsenen, Männern und Frauen unterscheiden kann, denkt es zunächst in den Kategorien „kleine oder gro-

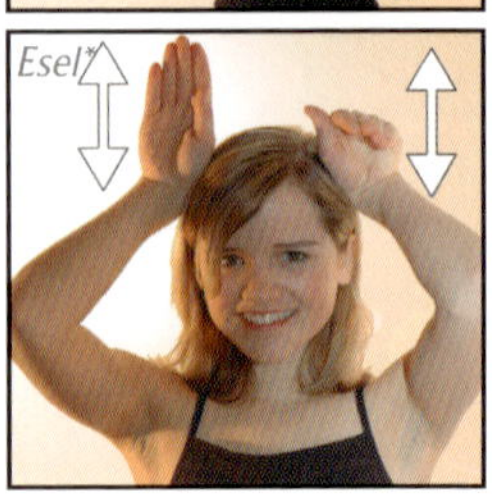

ße Leute". Also gibt es vielleicht für seine Wahrnehmung zunächst nur „**Babys**" und „**Mamas**" und „**Papas**". Es wird womöglich auch Grundschüler als „**Babys**" sehen und fremde Männer mit „**Papa**" betiteln. Später kann man ihm dann beibringen, dass „große Babys" „Kinder" sind und dass „ganz große Kinder" anders genannt werden, nämlich „Erwachsene". Und dass „Papa" nur der eine Mann ist, der bei Mama im Bett schläft und zu Hause mit am Tisch isst und so toll kitzeln kann!

Genauso schwierig ist es für Babys zunächst, bestimmte Tiere zu unterscheiden, wie z.B. die vierbeinigen Huftiere mit langer Schnauze und langem Schweif: Pferd, Esel und Zebra. Und Kuh nicht zu vergessen! Auch schwierig: Federvieh mit Schnabel, also Vogel, Ente, Gans, Huhn. Ihr Wonneproppen wird wahrscheinlich alle als „Pferd" oder „Vogel" betrachten und erst später zwischen „Pferd, Kuh, Esel und Zebra" unterscheiden können - und noch viel später zwischen „Fohlen, Stute und Hengst" (und mit „Wallach" am besten gar nicht erst anfangen, sondern das für die Pubertät aufheben ... **;-)**). Oder zwischen Amsel, Drossel, Fink und Star.

Wieder gilt: Wenn das Baby selbstständig und sicher das Wort „**Pferd**" zeigen kann und es dann „Pferd" fälschlicherweise bei einem Esel gebärdet, kann ich ihm gut beibringen: *„Ja, das sieht ähnlich aus wie ein **Pferd**. Aber dieses Pferd sagt „I-a" und heißt „**Esel**". Und das Baby-Pferd heißt „Fohlen", und „Mama- und Papa-Pferd" nennt man „Stute" und „Hengst".*

Aber das sind schon alles Feinheiten. Fangen Sie erst einmal an - die Details kommen später! Dann können Sie immer noch ins Buch schauen und hier nachlesen.

Mein Sechs-Phasen-Modell von Wonneproppens Gebärden-Sprachentwicklung

Haben Sie jetzt schon angefangen, Gebärden einzuüben und in Ihren Alltag einzubauen? Und verfestigt sich Ihr Eindruck, dass Ihr Wonneproppen versteht, was Sie da mit den Händen ausdrücken, auch wenn er selbst noch nicht seine Fingerchen zum gezielten Reden benutzt? Dann „herzlichen Glückwunsch", Sie befinden sich jetzt schon in „Phase zwei" der „Gebärden-Sprachentwicklung". Insgesamt kann man nämlich sechs Phasen beim Kind beobachten, die ich hier kurz vorstellen will:

Stand der Sprachentwicklung	Was die Eltern tun	Was Wonneproppen tut
Phase 1 Dies ist die Phase, in der man den stärksten Geduldsfaden haben muss, weil man selbst viel investiert, aber noch nichts vom Baby „zurückkommt"! (*„Puh, wird das jemals was?!"*)	Die Eltern lernen und benutzen nach und nach Gebärden und das jeweilige Wort dazu.	Das Baby schaut (interessiert) auf die Finger der Eltern, ansonsten ist aber *noch keine Reaktion* zu beobachten.
Phase 2 Jetzt beginnt das Staunen, wenn Sie genau hinsehen! (*„Aha!"*)	Die Eltern benutzen immer sicherer Gebärden und das jeweilige gesprochene Wort dazu.	Das *Baby reagiert* richtig auf die Gebärden der Eltern, setzt aber noch nicht selbst Gebärden ein.

Stand der Sprachentwicklung	Was die Eltern tun	Was Wonneproppen tut
Phase 3 Endlich Erfolg! Sie werden (wetten?!) begeistert sein! („*Jippieh! Wie niedlich!!!*“)	Die Eltern benutzen Gebärden und die jeweiligen gesprochenen Worte dazu. Nach Bedarf kann der „Gebärden-Wortschatz“ allmählich erweitert werden.	Das Baby reagiert richtig auf die Gebärden und beginnt *allmählich,* auch selbst *Gebärden* auszuprobieren *oder die* Gebärden mit entsprechenden *Geräuschen* (z.B. Tiergeräuschen) zu untermalen.
	Die Eltern reagieren jedes Mal begeistert, um ihr Baby zu ermutigen. Sie korrigieren das Baby – wenn überhaupt, dann – nur spielerisch, indem sie die Gebärden zusammen mit dem Wort und Geräusch richtig wiederholen oder z.B. in ein Lied einbauen.	Verwirrend kann es sein, wenn das Baby *dieselbe Gebärde immer wieder verwendet, auch bei ganz falschen Gegenständen,* für die die Eltern schon die richtigen Gebärden gezeigt haben. Das Baby ist dann wahrscheinlich begeistert, weil es gelernt hat: *„Wenn ich meine Hände* **„so“** *einsetze, dann reagieren Mama und Papa darauf. Toll, dann mach ich's gleich wieder!“* Es muss erst noch lernen, dass unterschiedliche Gegenstände durch unterschiedliche Gebärden ausgedrückt werden.*
	Die Eltern fahren einfach fort, die Gebärde und das dazu gehörende Wort zusammen richtig vorzumachen.	

* Auch in der gesprochenen Sprache kann das passieren. So war das erste Wort vom kleinen Jonathan M. z.B. *„Auto“*; und eine lange Zeit lang war daraufhin ALLES *„Auto“*: Papa war *„Auto“*, Mama war *„Auto“*, einfach alles. Wahrscheinlich bedeutete *„Auto“* demnach zunächst für Jonathan: *„Das da!“* oder *„Du da!“* oder so was wie: *„Hey, ich kann sprechen. Freut euch wieder so darüber wie beim ersten Mal!“*...

Stand der Sprachentwicklung	Was die Eltern tun	Was Wonneproppen tut
Phase 4 Dies ist die „Misch-Phase“, in der das Baby Gebärden und gesprochenes Wort nebeneinander gebraucht. (*„Boh, es klappt wirklich!“*)	Die Eltern können die Worte des Babys durch die parallel von ihm dazu gemachten Gebärden eindeutig verstehen, selbst wenn viele Worte noch nicht klar vom Baby ausgesprochen werden. Die Eltern ermutigen ihr Kind, indem sie spielerisch die Gebärde mit dem richtig ausgesprochenen Wort wiederholen. Für Worte, die ihr Baby auch ohne Gebärde schon richtig ausspricht (vielleicht z.B. *„Mama“, „Papa“, „Auto“, „Teddy“, „Ball“*), brauchen Eltern nicht mehr die zugehörige Gebärde verwenden bzw. brauchen sie auch gar nicht mehr neu beizubringen (können es aber, wenn sie z.B. sichergehen wollen, dass auch Oma und Opa das Baby richtig verstehen oder sie dem Baby die Chance bieten möchten, mit Gehörlosen kommunizieren zu können).	Das Baby macht selbst *immer mehr Gebärden* und benutzt die passenden lautmalerischen Geräusche dazu und allmählich die *richtigen Worte.* (Eventuell beginnt es nun, immer genauer auf den Mund, die Lippen und die Zunge der Eltern zu schauen, um es ihnen richtig nachzuahmen).

Stand der Sprachentwicklung	Was die Eltern tun	Was Wonneproppen tut
Phase 5 Das ist die eindeutige Übergangsphase zur gesprochenen Sprache. Der Gebärden-Wortschatz kann erweitert werden und viele Gebärden werden schon ganz weggelassen. (*„Toll, wie schlau unser Baby ist!"*) (Vielleicht aber auch: *„Oh nein, Wonneproppen, mach bitte, bitte die Gebärde weiterhin dazu! DIE kann ich nämlich eindeutig verstehen, im Gegensatz zu deinem gesprochenen Kauderwelsch...!"*)	Die Eltern lassen beim Sprechen immer öfter die Hände (also die Gebärden) weg. Neue Gebärden brauchen nur noch für schwierige Worte beigebracht zu werden, die das Baby noch nicht richtig nachsprechen kann. Für neue Worte, die ihr Baby auch ohne Gebärde richtig ausspricht, brauchen Eltern nicht mehr die zugehörige Gebärde neu beibringen (können es aber, wenn sie z.B. sichergehen wollen, dass auch Oma und Opa das Baby richtig verstehen oder Gehörlose sie verstehen können sollen).	Das Baby benutzt sicher die richtigen Worte zur jeweiligen Gebärde (wenn auch noch nicht unbedingt klar artikuliert). *Allmählich lässt es die Gebärde zum Wort weg* und benutzt bei bestimmten Begriffen nur noch die gesprochene Sprache (manchmal womöglich weiterhin ein ziemlich undeutliches Kauderwelsch ...). Das Baby schnappt immer mehr *neue gesprochene Worte* auf und spricht sie (richtig) nach, ganz *ohne vorher die Gebärde dafür gelernt zu haben.*

Stand der Sprachentwicklung	Was die Eltern tun	Was Wonneproppen tut
Phase 6 Bye, bye, Babygebärden! (*„Schnüff! Irgendwie schade. Es war so niedlich ...“*) (Aber zum Glück denken sich ja auch die größeren „Wonneproppen“ die putzigsten Worte und Sätze aus, so dass es nicht langweilig wird und es weiterhin genug zum Schmunzeln und Staunen gibt! Und vielleicht hat später Ihr Kind auch wieder Lust, auf seine Fähigkeiten aus „Babytagen“ zurückzugreifen!?)	Die Eltern verwenden in der Regel gesprochene Sprache. Gebärdensprache kommt nur noch vor, wenn sie eine Aussage betonen wollen oder wenn andere nicht gestört werden sollen (z.B. wenn bei einer Autofahrt ein Mitfahrer schläft) oder wenn man etwas „geheim“ mitteilen oder fragen möchte (z.B. *„Ich hab dich lieb!“, „Nicht anfassen!“, „Musst du auf die Toilette gehen?“*) oder einfach, weil es tatsächlich immer noch Spaß macht!	Das Kind *spricht „richtig“ (mit gesprochenen Worten*). Punktuell wird es vielleicht noch Gebärden benutzen, z.B. wenn es eine Bitte unterstreichen möchte (*„Ich möchte jetzt WIRKLICH, bitte, bitte,* ***MEHR****!“*), etwas heimlich oder leise sagen will *(„Ich muss mal!“*) oder mit Babys zusammenkommt, die noch nicht richtig sprechen, aber Gebärden verstehen können. Oder weil es toll ist zu zeigen, was es kann!

Vielleicht geht es Ihnen bereits oder schon bald so wie mir: Wenn Ihr Wonneproppen erst einmal angefangen hat, selbst Gebärden zu benutzen, ist das so faszinierend und niedlich, dass es gar nicht so leicht ist, diese schöne Phase hinter sich zu lassen. Dann nämlich, wenn Ihr Kind „nur" noch richtig spricht!

„Aber irgendwas fehlt doch bei der Tabelle ..."

Vermissen Sie in dieser tabellarischen Aufzeichnung die Altersangaben? Ich habe sie nicht vergessen, sondern ganz bewusst weggelassen! Nicht nur, weil ich keine Sprachwissenschaftlerin und deshalb keine Expertin dafür bin, sondern noch viel mehr deshalb: →

Sie sollten sich und Ihrem Kind genau die Zeit zum Sprechenlernen zugestehen, die Sie beide brauchen!

Nur für die, die es doch genauer wissen wollen: Es gibt natürlich Untersuchungen hierzu. Im Anhang sind Infos und Literaturtipps dazu aufgelistet.[5]

Sie können gerne in dieser Übersicht nachschlagen und sehen: „Aha, wir befinden uns also in Phase 3 ..." Aber Sie werden keine Angaben finden, die Sie unter Zeitdruck bringen könnten (das kann dann höchstens Ihr eigener Geduldsfaden). Denn:

Sie und Ihr Wonneproppen sind völlig anders als alle anderen und ganz einmalig und besonders und werden deshalb auch Ihre ganz eigene, individuelle Zeit brauchen, um Gebärden zu lernen.

Ich hoffe, Sie vergessen das nicht, auch falls es mal schleppend langsam gehen sollte. Für solche „Warte-Zeiten" (oder „Durststrecken") gibt es übrigens extra die Workshops sowie den zweiten Band von „Let's talk Wonneproppen!". Viele Anregungen, die Spaß machen und die die Wartezeit verkürzen können, erwarten Sie da.

Beliebige Zeichen oder richtige Gebärdensprache?

Manche Eltern fragen sich vielleicht:

> *„Muss es denn überhaupt richtige Gebärdensprache sein? Kann ich mir nicht auch einfach selbst eine eigene Zeichensprache ausdenken und bei meinem Baby einsetzen?“*

Wenn Sie sehr kreativ sind, wäre das durchaus denkbar. Vielleicht sogar einfacher, als richtige Gebärden zu lernen. Und auch kostengünstiger ... Und tatsächlich nenne ich Ihnen auch am Ende dieses Kapitels auf Seite 69 ein paar Tipps, wie man eigene „Gebärden“ erfinden kann, für den „Notfall“ ... Warum nur für den „Notfall“ und warum ich mich persönlich dafür entschieden habe, ansonsten offizielle Gebärden zu verwenden, möchte ich in diesem Kapitel kurz diskutieren. Außerdem erfahren Sie den Hintergrund der Babygebärden, die in diesem Buch verwendet werden.

Vorteile von selbst erfundenen Zeichen

- Diese Zeichen kann man ganz den Baby-Händchen anpassen. Dadurch sind sie in der Regel leicht nachzuahmen, vielleicht sogar leichter als manche Gebärden der offiziellen Gebärdensprache.

- Sie können niedlicher als richtige Gebärden sein und passen deshalb gut zu unseren niedlichen Wonneproppen.

- Selbst erfundene Zeichen haben eine „persönliche Note“, weil Sie oder Ihr Baby sie selbst kreiert haben.

- Man entwickelt eine Art „Geheimsprache“ mit dem Kind.

Nachteile von selbst erfundenen Zeichen

- Selbst ausgedachte Zeichensprache ist nicht universell, das heißt, nur wenige Menschen können über diese Zeichen mit Ihrem Kind kommunizieren, nämlich nur diejenigen, die Sie „eingeweiht" haben.

- Wenn Sie generell auf „offizielle" Gebärden verzichten wollen, werden Sie viel Erfindungsreichtum aufbringen müssen, oder die Kommunikation wird sich vermutlich nur auf wenige Zeichen reduzieren.

- Es gibt zwar auch (bisher, soweit ich weiß, englische) Nachschlagewerke mit niedlichen Zeichen speziell für Babyhände, aber nicht so viele wie Gebärdenbücher. Es kann also gut sein, dass Sie für einen Begriff, den Ihr Wonneproppen gerade gebrauchen könnte, kein einfaches Zeichen finden.

- Sie müssen entweder ein extrem gutes Gedächtnis haben oder aber sich selbst eine Art Lexikon anlegen, in dem Sie am besten immer gleich „Ihr" Zeichen aufzeichnen, damit Sie es später auch wieder nachschlagen können. Denn wenn Sie ein selbst ausgedachtes Zeichen bei Ihrem Wonneproppen einführen, sollten Sie es von dem Zeitpunkt an immer **genauso** wieder ausführen und nicht beim nächsten Mal etwas anders, weil Sie sich womöglich nicht mehr ganz genau erinnern. Das würde Ihr Baby sonst sehr verwirren.

Okay! So weit so gut. Jetzt kommen die

Vorteile von offiziellen[6] Gebärden

- Es hat etwas für sich – wenn man sowieso schon Zeichen lernt –, dass man dann (quasi ganz nebenbei) gleich die der **richtigen** Gebärdensprache lernt. Wie eine zweite Fremdsprache! (In den USA bieten manche Schulen Gebärdensprache tatsächlich als Fremdsprache an, die die Schüler ebenso wählen können wie andere Sprachen.)[7] Man kann dann auch Gehörlose ein bisschen verstehen (und umgekehrt), was doch ein toller Nebeneffekt ist!
Ich erinnere mich noch gut an den Abend, als mein Mann und ich den Film „Speed 2" mit Sandra Bullock anschauten, in dem ein gehörloses Mädchen mitspielt. Plötzlich schrien wir beide begeistert: „Das Mädchen hat „**Papa**" gesagt!!!" (Dazu erwähne ich kurz – falls Sie diesen Film auch mal sehen sollten -, dass uns bei unserem ersten Kind noch keine deutschen Gebärden vorlagen, sondern wir uns nach einem amerikanischen Buch Gebärden der ASL (American Sign Language) angeeignet hatten. Dort sieht die Gebärde für „Papa" etwas anders aus. Dieses Wissen kam uns nun bei diesem amerikanischen Spielfilm zugute).

Papa (DGS)

- Zudem sind offizielle Gebärden universeller, weil sie weiter verbreitet sind. Man kann relativ einfach den persönlichen Sprachschatz erweitern, weil es viele Bücher, CD-Roms und Kurse zur Gebärdensprache gibt und in manchen Gegenden sogar Stammtische zwischen Hörenden und Gehörlosen. Und auch im Internet gibt es immer mehr darüber zu entdecken. (In Band 2 finden Sie noch weitere Hinweise dazu.)

- Offizielle Gebärden werden von mehr Menschen verstanden (z.B. den Gehörlosen). Deshalb können auch mehr Leute mit den entsprechend geschulten Babys und Kleinkindern kommunizieren.

- Aus demselben Grund wären auch Tagesmütter, Erzieher, Babysitter und begeisterte Großeltern unabhängiger von Ihnen, wenn sie sich die Babygebärden aneignen möchten, um besser mit Ihrem Kind kommunizieren zu können.

- Und wenn möglichst viele Eltern sich selbst, ihren Kindern oder anderen Gebärden beibringen, gibt es auch noch einen wirklich schönen Nebeneffekt: Die Kluft zwischen den Hörenden und den Gehörlosen oder Hörgeschädigten in unserem Land könnte geringer werden!

Das kann ich aus eigener, schöner Erfahrung bestätigen.

Nachteile der offiziellen Gebärdensprache

- Manche Gehörlose könnten sich über die Hörenden ärgern, so nach dem Motto: „Jetzt nehmen die uns auch noch DAS weg (unsere eigene Sprache)." Ich weiß, dass ihnen die Gebärdensprache sehr viel bedeutet und die Hörenden auf gar keinen Fall arrogant daherkommen sollten: „Jetzt können wir das auch!" Zwischen Babygebärden und richtiger Gebärdensprache liegen nämlich Welten ... Trotzdem denke und hoffe ich (wie eben schon erwähnt), dass Babygebärden ganz im Gegenteil etwas Gutes bewirken werden, nicht nur an unseren Babys, sondern langfristig gesehen auch bei der Kommunikation zwischen Gehörlosen, Hörgeschädigten und Hörenden (mit allen positiven Auswirkungen, die das nach sich ziehen könnte ...).

- Eltern könnten zu viel Ehrgeiz entwickeln, nach dem Motto „Wenn schon, denn schon!" und in ihrem Streben nach Perfektion den Spaß daran verlieren und sich und das Kind überfordern.

- Zum Teil ist die Gebärdensprache für Babys und Kleinkinder sehr schwer mit den kleinen Händchen und Fingerchen nachzuahmen.

In monatelanger Feinarbeit wurden aus dem letztgenannten Grund die Babygebärden in Diskussionen mit Müttern und „Gebärdenprofis" ausgesucht, und ich finde wirklich, wir haben die besten, sinnvollsten und schönsten ausgewählt! Hier in Band 1 finden Sie 48 davon. Eine noch viel größere Auswahl – über 200 – gibt es in Band 2, das Buch für Fortgeschrittene und Begeisterte. Zum allergrößten Teil sind die Babygebärden der offiziellen DGS (Deutsche Gebärdensprache) entnommen, nur in wenigen Fällen haben wir – aus guten Gründen – andere gewählt. Die genaueren Kriterien können hinten im Anhang bei den Endnoten nachgelesen werden.[8]

Das ist übrigens auch der Grund, warum hier im Buch ständig von „BABY-Gebärden" die Rede ist: Weil es sich zwar fast immer um die offiziellen Gebärden der Deutschen Gebärdensprache (DGS) handelt, man aber als „Gebärdenprofi" ab und zu ein Auge zudrücken muss (genauso, wie wir das ja auch in der gesprochenen Sprache bei unseren Kleinkindern tun).

Für den „Notfall“

Ab S. 100 finden Sie, wie schon angekündigt, trotzdem auch noch – für den „Notfall“ – einige freie Seiten. Im Babyalltag kann es vorkommen, dass Sie ausgerechnet dann kein Nachschlagewerk parat haben oder eine Gebärde nicht finden, wenn Ihr Wonneproppen gerade ein bestimmtes Wort wissen möchte.

In einem solchen Fall seien Sie mutig und erfinden ein Zeichen! Am besten versuchen Sie dabei, *das typischste Merkmal (Aussehen oder Bewegung) von dem Begriff mit den Händen „nachzuzeichnen“* (also z.B. beim Pfau das aufgestellte Rad, bei einer Mondrakete den von unten nach oben zischenden Feuerstrahl, beim Nikolaus den langen Bart usw.). Wenn Sie sich dann Ihre Variante im Buch gleich notieren, können Sie ganz leicht immer wieder darauf zurückgreifen.

Diese „Extraseiten“ für Sie sind allerdings auch noch aus einem anderen Grund da, aber den verrate ich Ihnen an dieser Stelle noch nicht ... Lassen Sie sich überraschen! (Sie können natürlich auch gleich mal hinten nachschauen ...).

Bildliches

Darf ich vorstellen: unsere Fotomodels

So heißen sie, und so alt waren sie bei den Fotoaufnahmen:

Ann-Christine (15)

Deborah (14)

Florian (6)

Gideon (11)

Jessica (12)

Lou-Ann (4)

Womöglich geht es Ihnen bald so wie mir: Ihr Baby interessiert sich ausgerechnet für eine Sache, deren Gebärde hier leider nicht vorgestellt wird ... Dann schauen Sie doch mal in Band 2 hinein! Dort gibt es ein wirklich tolles Angebot von über 200 Gebärden für alle möglichen Situationen aus den verschiedensten Babyalltagen, thematisch übersichtlich geordnet und mit denselben liebevollen Illustrationen wie in diesem Buch versehen.
Ab S. 132 in diesem Buch finden Sie eine Liste mit allen Begriffen, für die Sie in Band 2 Gebärden nachschlagen können.

Noah (2)

Rico (8)

Sarah (5)

Sarah-Maria (13)

Sie alle haben schon oder werden uns jetzt gleich 48 Babygebärden zum Einsteigen vorführen. Wenn Sie diese Gebärden in Ihren Babyalltag integriert haben, können Sie schon erstaunlich viel „Gespräch" mit Ihrem Baby erleben!

Bei den Foto-Aufnahmen hatten wir riesigen Spaß zusammen! Die Teenager, Schul- und Kleinkinder sind übrigens alle - außer einem - keine „Gebärdenprofis", und trotzdem hatten sie die Gebärden ruckzuck intus. Das zeigt, wie einfach sie zu erlernen sind (was Ihnen hoffentlich Mut macht!). Mal sehen, ob Sie herausfinden, wer von den Models der einzige „Profi" ist ...

Für solche Aufnahmen eignen sich Babys ja leider nicht wirklich. Als Eltern können Sie sich bestimmt ausmalen, warum. Nicht nur, dass Babys selten auf Kommando genau das tun, was die Eltern von ihnen wollen und dann auch lange genug still halten, ihre Hände sind - wie ja schon erwähnt - noch nicht trainiert genug, um die Gebärden so vorzuführen, dass Sie sie wirklich immer von ihnen kopieren könnten ...

Zum Aufbau des kleinen Babygebärden-Lexikons

Lange haben wir uns überlegt, welche Themenbereiche im Alltag unserer Wonneproppen besonders wichtig sind und besonders häufig vorkommen. Das ist unser Ergebnis:

- Wonneproppens tägliche Bedürfnisse
- Wonneproppens Lieblingstiere
- Wonneproppens Lieblingsbeschäftigungen
- Wonneproppens Gefühle
- Personen in Wonneproppens Alltag
- Wonneproppens Sozialverhalten und Sicherheit

Aus diesen Themenbereichen haben wir 48 Begriffe ausgesucht und zugeordnet. Manche Begriffe würden zu mehreren dieser Themenbereiche passen, stehen aber nur bei einem. Falls Sie also eine bestimmte Gebärde nicht gleich entdecken, können Sie *ganz hinten* im Buch nachschauen. Dort sind alle Gebärden alphabetisch und mit der jeweiligen Seitenzahl aufgelistet. Wo die jeweiligen Themenbereiche anfangen, steht vorne im Inhaltsverzeichnis – oder Sie blättern einfach! Ein Farbregister erleichtert das Finden.

Das „Große Babygebärden-Lexikon“ in Band 2 ist auch nach diesen und sogar noch nach drei weiteren Themenbereichen übersichtlich aufgebaut. Mit der *kleinen* Auswahl hier im *„Kleinen* Babygebärden-Lexikon“ können Sie wunderbar einsteigen! Und ganz vielleicht belassen Sie es sogar bei dieser kleinen Auswahl. Oder wählen von diesen 48 Begriffen nur die paar wenigen aus, die Sie brauchen. Machen Sie es einfach so, wie es Ihnen und Ihrem Baby Freude macht!

Jedes Gebärden-Foto ist mit einem niedlich gemalten Bildchen zum Begriff versehen. Dann macht es nämlich auch den Babys Spaß (und den größeren Geschwistern, Oma und Opa usw.), sich die Fotos anzuschauen und die Gebärden zu lernen. Vielleicht können sich die anderen so sogar ohne Ihre Hilfe manche Gebärde beibringen!?

Neben dem Foto gibt es eine Kurzerklärung, damit dann wirklich alles klar ist!

Auf den Seiten 100 bis 103 können Sie eigene Notfallgebärden und Fotos ergänzen.

Ach ja, und auf den Seiten 104 bis 107 befinden sich für die ganz Eifrigen noch ein paar Testseiten. Wer weiß noch, welcher Begriff sich hinter welchem Foto verbirgt? Und wenn Sie die Bildchen sehen, bei wie vielen haben Sie schon die richtige Gebärde dazu „im Kopf“ (bzw. „im Körper“)? Schummeln (sprich: nachschlagen) erlaubt! **;-)**

Zu einigen der Begriffe werden Ihnen dann noch ab Seite 108 Beispielsituationen und -sätze vorgestellt bzw. angeboten. Diesen Teil können Sie getrost weglassen, wenn Ihnen die Umsetzung der Gebärden in Ihren Alltag klar ist und leichtfällt. Wenn Sie aber doch gerne Anregungen hätten, dann können diese Beispiele gut helfen, die Faustregeln einzuhalten.

Alles klar?

Los geht's!!!

Und nicht
den passenden
Gesichtsausdruck
vergessen!

Die Bewegungspfeile und was sie bedeuten:

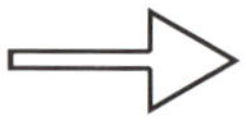 einmalige Bewegung in Pfeilrichtung*

 zweimalige Bewegung in Pfeilrichtung*

 einmalige Hin- und Herbewegung*

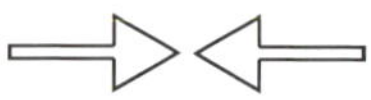 einmalige Aufeinanderzubewegung der Finger oder Hände

 Finger oder Hand bewegen sich schlangenförmig in Pfeilrichtung

 Spiralbewegung

 alle Finger zappeln

 alle Finger sind erst zusammen, dann in Pfeilrichtung auseinanderspreizen

* Die einmaligen Bewegungen können auch mehrmals ausgeführt werden.

Kleines Babygebärden-Lexikon

Die ersten 48 Begriffe für Einsteiger

Eltern werden wär' so schön,
könnt' man Babys nur versteh'n ...

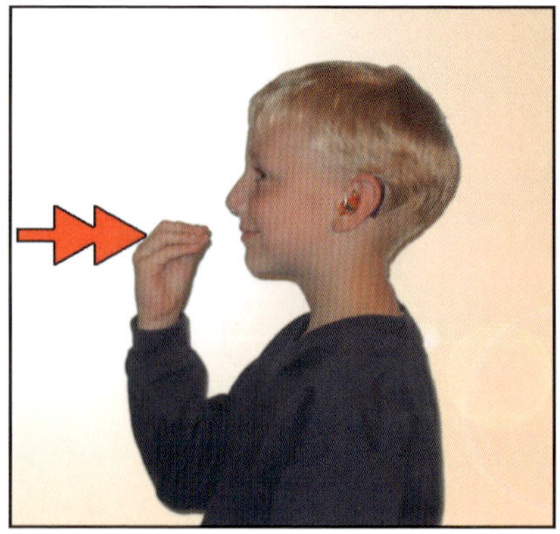

essen (Hunger haben)

Fingerspitzen berühren den Daumen, 2 x zum Mund führen.
Wie: italienisch „mangiare“!

trinken (Durst haben)

Wie: Einen Becher halten und den Inhalt in den Mund kippen.

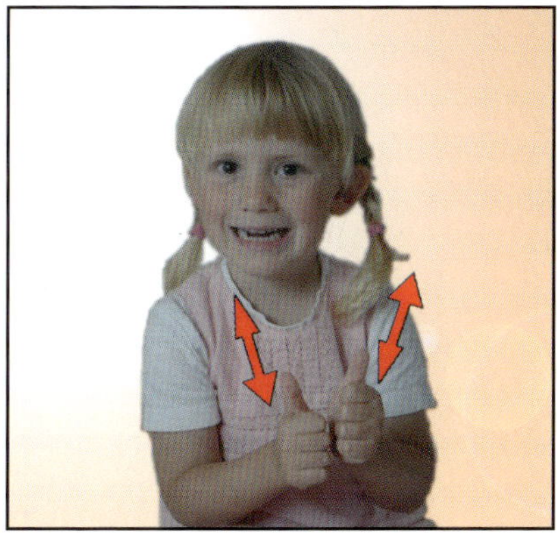

Milch (Milch trinken, gestillt werden, stillen)

Fäuste mit hochgestrecktem Daumen gegenläufig auf- und abbewegen.
Wie: melken.

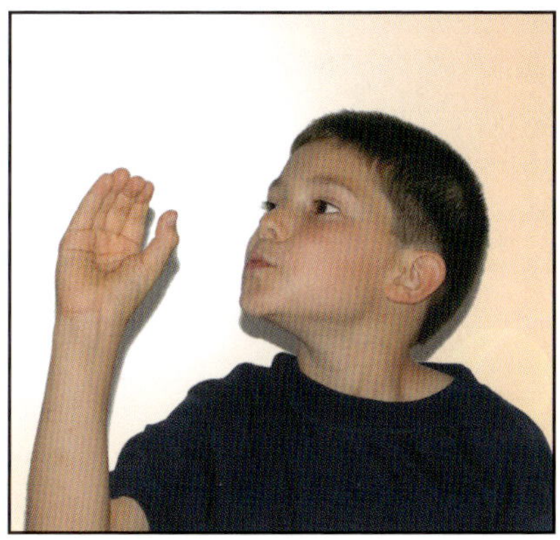

Nuckelflasche

Wie: Eine Nuckelflasche vor den Mund halten. Mit den Lippen Nuckelbewegungen nachahmen. Gerne auch mit Schmatzlauten.

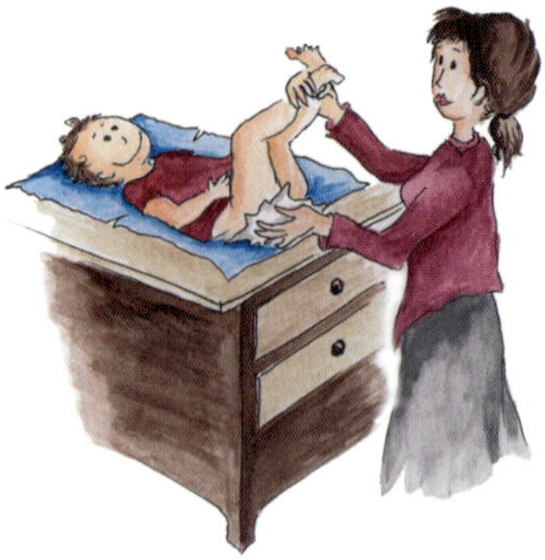

Windel wechseln

Die Hände mit ausgestreckten Fingern schräg und versetzt zueinander halten, dann beide mehrmals gemeinsam umdrehen.
Wie früher: Die Zipfel vom Windeltuch umschlagen.

schlafen (Bett, ins Bett gehen)

Den Kopf seitlich auf die Hand legen (oder auf beide Hände, falls beide frei sind*).

* Es gibt viele Situationen, in denen Sie nur eine Hand frei haben werden (z.B. mit Baby auf dem Arm). Keine Sorge, dann gebärden Sie einfach „einhändig"!

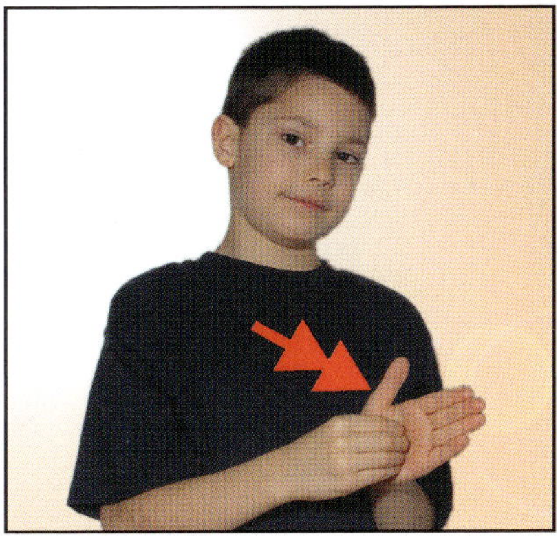

mehr (weitermachen, nochmal)

Alle Fingerspitzen der rechten Hand zusammenlegen und damit 2 x auf die linke Innenhandfläche stupsen.

genug (aufhören, fertig, satt, zu Ende)

Mit der flachen Hand seitlich 2 x vorne ans Kinn stupsen.
Wie: Mir steht's bis hier!

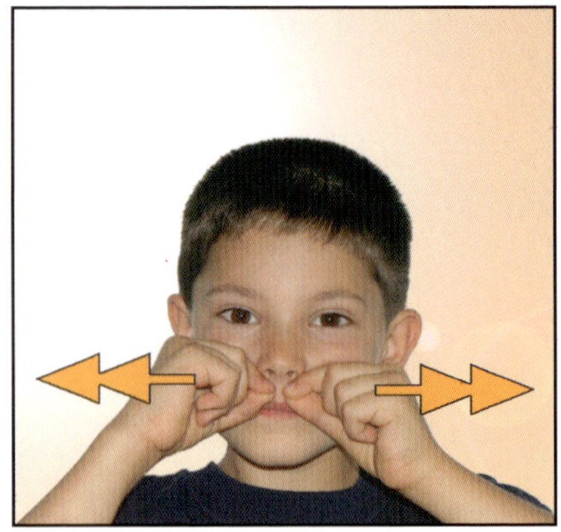

Katze

Zeigefinger und Daumen unter die Nase legen und mehrmals zur Seite wegstreichen.
Wie: Die Schnurrbarthaare nachzeichnen.

Hund

Die flache Hand 2 x an den Oberschenkel klopfen.
Wie: „Bei Fuß!“

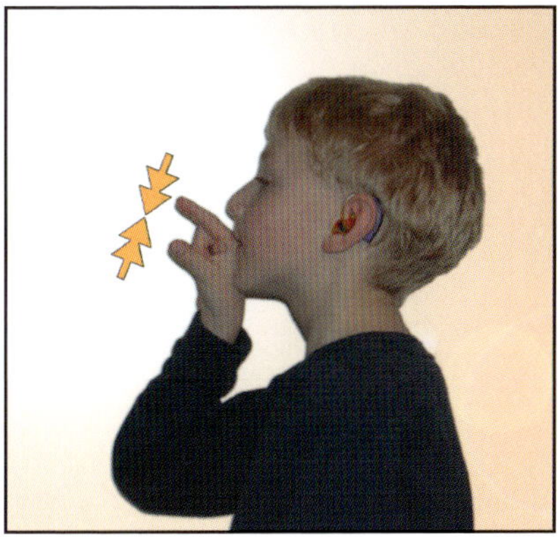

Vogel

Zeigefinger und Daumen wie einen Schnabel an den Mund legen und mehrmals öffnen und schließen.
Wie: zwitschern.

Schmetterling

Die Finger spreizen, Daumen aufeinanderlegen und die Hände wie Flügel gleichzeitig flattern lassen.

Hase

Die Hände auf den Kopf setzen und wie Hasenohren gleichzeitig wackeln lassen (nach vorne knicken).

Huhn

Zeigefinger und Daumen wie einen geschlossenen Schnabel aufeinander legen und mehrmals aus dem Handgelenk heraus rauf- und runterbewegen.
Wie: picken.

Pferd

Wie: Mit den Händen die Zügel halten und mitsamt dem Oberkörper die Reitbewegung nachahmen.

Fisch

Die Hand nach vorne hin- und herbewegen.
Wie: die Schwimmbewegungen eines Aals.

Teddybär

Mit gewölbten Händen Teddyohren formen und oben auf den Kopf setzen.

Buch (lesen)

Die flachen, geschlossenen Hände wie Buchdeckel aufklappen.

Flugzeug (fliegen)

Arme und Hände wie Tragflächen seitlich ausstrecken und mit dem Körper die Flugbewegung nachahmen.
Wie: „schweben".

Auto (Rutschauto)

Wie: Ein Lenkrad anfassen und vor der Brust im Halbkreis hin- und herbewegen. Zeigen Sie bei **„AUTO"** am besten ein KLEINES Lenkrad, um diese Gebärde von der für **„Lastwagen"** und **„Traktor"** zu unterscheiden. (Es ist nämlich die gleiche!)*

* Bei **„LASTWAGEN"** werden die Arme nur weiter auseinander gehalten, so wie bei einem GROSSEN Lenkrad.

* Und bei **„TRAKTOR"** zeigt man ebenso das GROSSE Lenkrad, aber WACKELT zusätzlich, um das holprige Fahren anzudeuten.

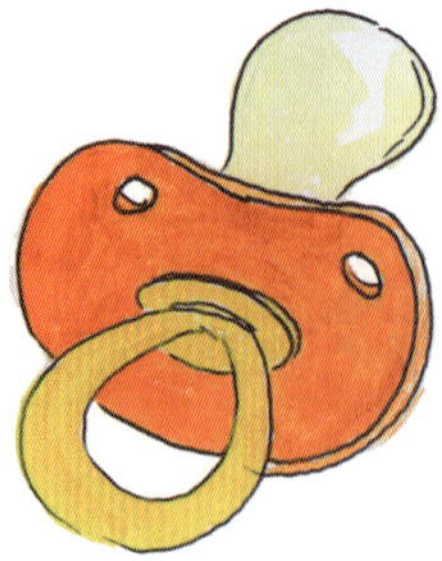

Schnuller

Daumen und Zeigefinger an die Lippen legen. Mit dem Mund „Nuckelbewegungen“ nachahmen.

Lampe / Licht (Straßenlaterne)

Die Fingerspitzen berühren den Daumen. Die Hand hochhalten und nach unten öffnen (Finger spreizen) oder wohin der Lichtkegel sonst zeigt.

spazieren gehen

Zeige- und Mittelfinger wie Beine aufstellen und hin- und herpendelnd nach vorne bewegen.
Wie: schlendern.

Musik (Musik hören, machen, singen)

Beide Zeigefinger wie ein Dirigent hin- und herschwingen.

Und nicht die passende Mimik vergessen!

Hinweis: „lieb haben" kann man mit offenen oder geschlossenen Händen gebärden.

lieb haben

Arme mit Fäusten vor der Brust kreuzen. Den Oberkörper hin- und herdrehen
Wie: jemanden ganz heftig umarmen.*

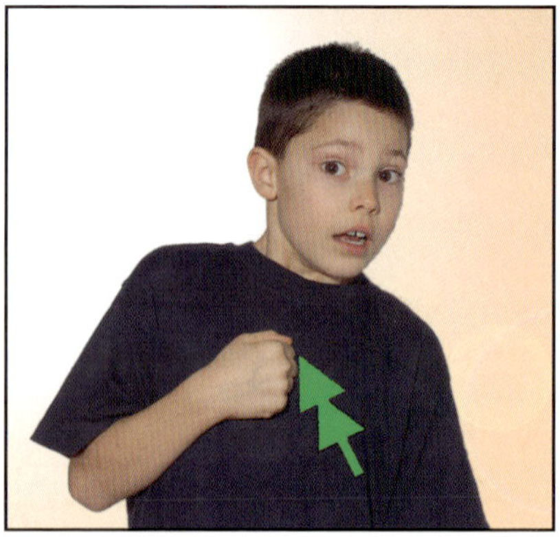

Angst haben (erschrocken sein)

Mit der Faust mehrmals auf die Brust klopfen und erschrocken schauen.
Wie: Herzklopfen.

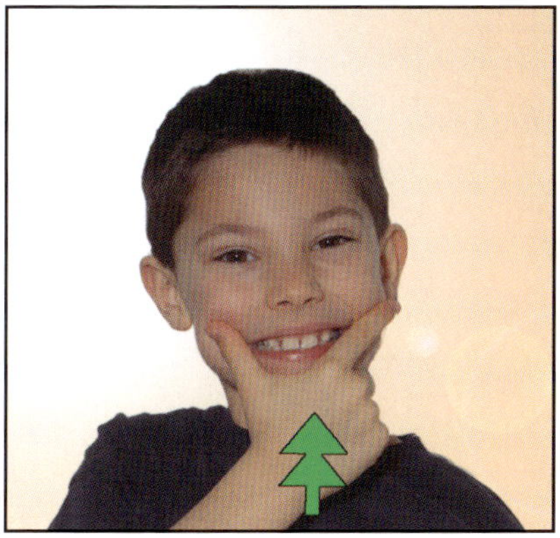

lachen (Freude, fröhlich)

Zeigefinger und Daumen auseinanderspreizen und wie einen zweiten Mund 2 x ans Kinn tippen. Dabei lächeln.

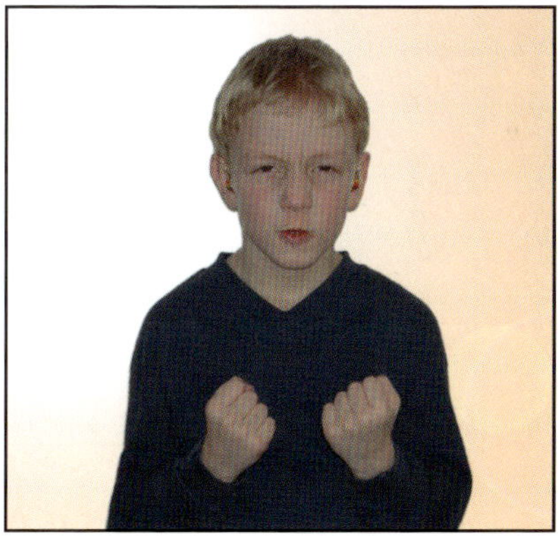

wütend sein

Die Fäuste vor der Brust ballen und Augen verengen. (Je nach Intensität können die Fäuste vor Zorn beben.)

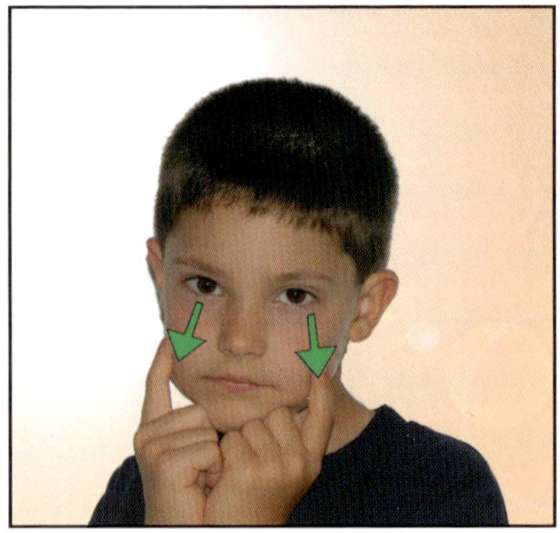

weinen (traurig sein)

Mit einem oder beiden Zeigefingern mehrmals von den Augen ab die Wange runterstreichen.
Wie: runterkullernde Tränen.

Aua! (Schmerzen haben, wehtun)

Die Hand mit den Fingerspitzen nach unten zur Seite halten und wie unter Schmerzen schütteln (so, als hätte man sich auf die Fingerspitzen gehauen). Gesicht verziehen.

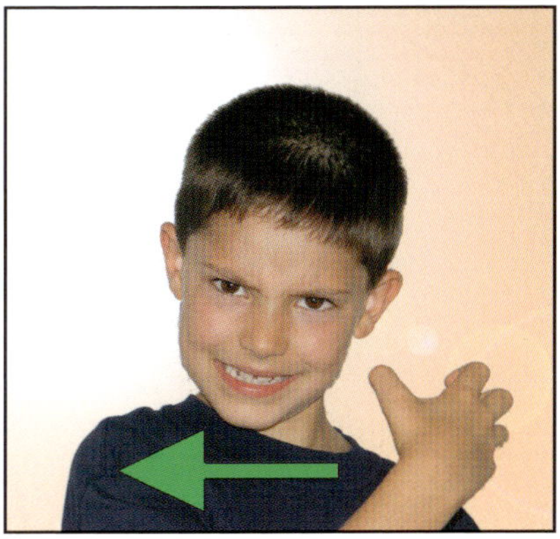

heiß (sich verbrennen)

Eine „Krallenhand“ abrupt vor dem Mund entlang von einer Seite zur anderen ziehen und dabei schließen.
Wie: etwas Heißes wegreißen.

kalt (frieren)

Angewinkelte Arme mit Fäusten an den Oberkörper pressen und „bibbern“ (Fäuste zittern vor Kälte).

Mama

Mit der flachen Faust 2 x sanft auf die Wange tippen (wie zwei Küsse oder um anzuzeigen, dass Mamas Wangen ganz weich sind - im Vergleich zu Papas ...).

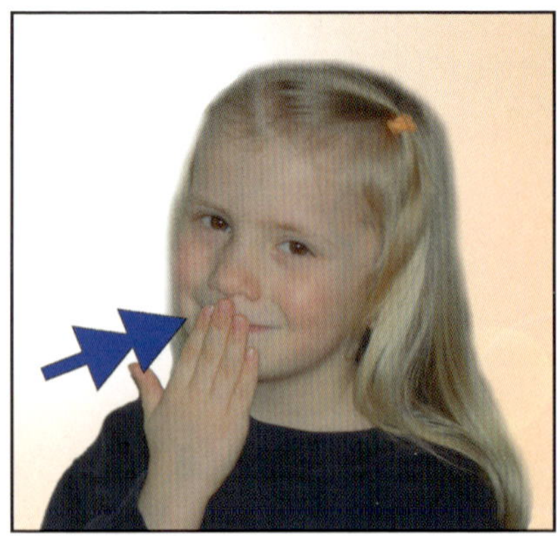

Papa

Die flache Hand 2 x sanft gegen die Lippen tippen (wie zwei Küsse). Dabei „hängt" die Hand samt Unterarm wie ein Vollbart nach unten.

Baby / Puppe

Wie: Baby in den Arm legen und sanft darin „wiegen".

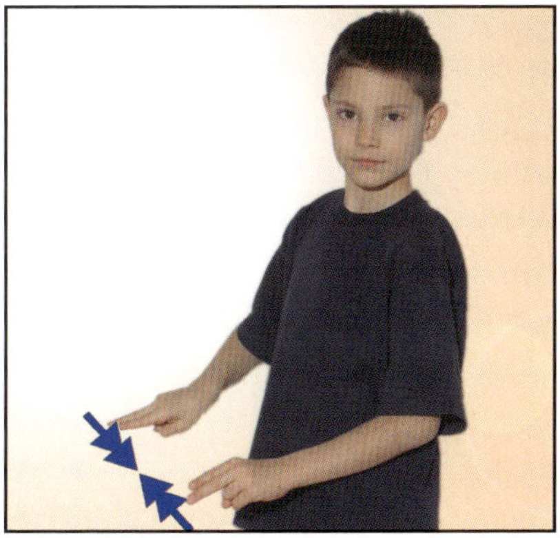

Bruder / Schwester / Geschwister

Die Zeige- und Mittelfinger jeweils aneinanderlegen und ausstrecken. Dann die ausgestreckten Finger 2 x seitlich aneinanderstupsen.

Oma

Eine „Krallenhand“ wie einen „Dutt“ schräg hinten an den Kopf setzen.

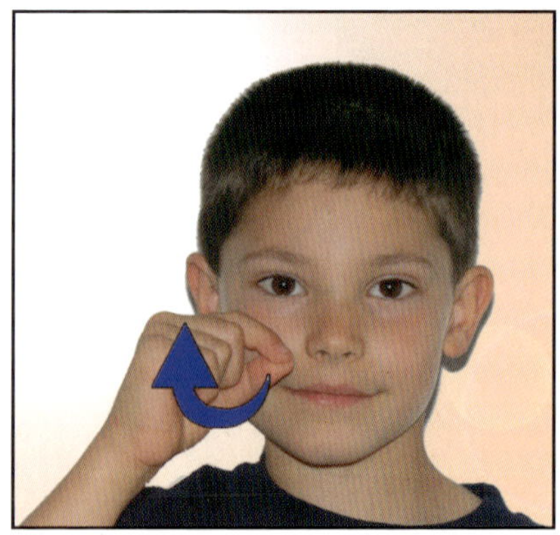

Opa

Mit Zeigefinger und Daumen einen geschwungenen „Kaiser-Wilhelm-Bart“ von der Oberlippe weg über die Wange hochzeichnen.

Freund/-in (Vertrauensperson)

Die Finger ineinander haken und vor der Brust hoch- und runterwippen.
Wie: Wir halten zusammen!

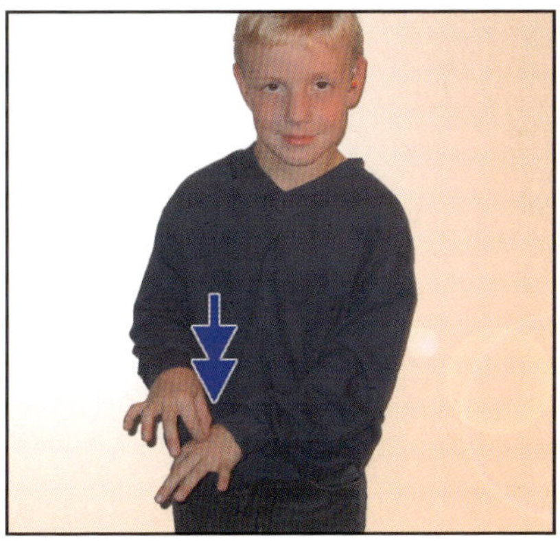

Arzt / Ärztin

Zeigefinger und Daumen zusammenlegen und 2x auf die Handoberfläche stupsen.
Wie: Mit einer Spritze pieksen, Blut abtupfen oder mit einem Stethoskop hantieren.

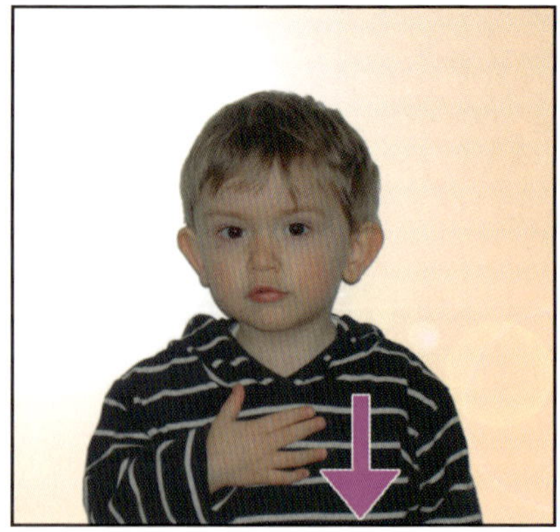

ich möchte (bitte)

Die flache Hand auf die Brust legen und nach unten streichen.

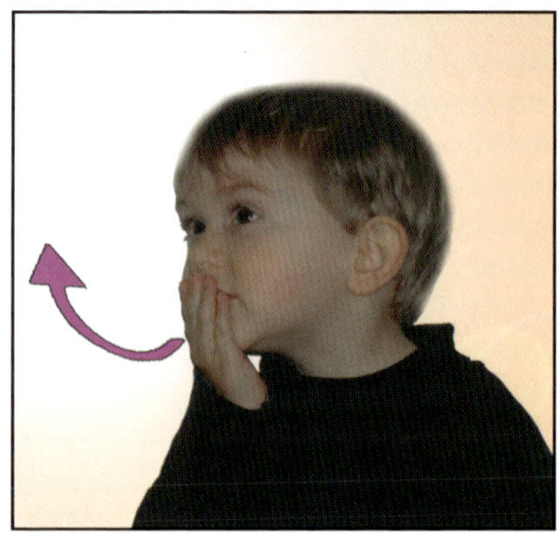

danke

Die flache Hand von den Lippen weg im Bogen zum Gegenüber hinstrecken. Wie: Einen Kuss zuwerfen. (Bei Fremden startet man eher vom Kinn aus als von den Lippen.)

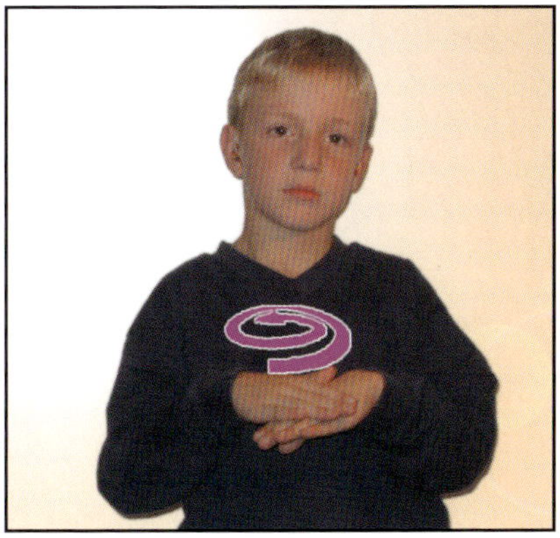

Entschuldigung (Es tut mir leid!)

Betroffen schauen. Mit einer Hand kreisend über die andere Handoberfläche streicheln.
Wie: „wiedergutmachen“.

gleich (warte, langsam, nicht so doll, sachte)

Beide Hände mehrmals langsam flach nach schräg unten „schieben“.
Wie: italienisch „piano“.

Diese Gebärde ist lautmalerisch und für das Baby eindrucksvoll, s. nähere Erklärung S. 125.

runterfallen (batsch!)

Mit einer Hand weit ausholen und sie mit Karacho in die andere flache Hand „batschen“ lassen.

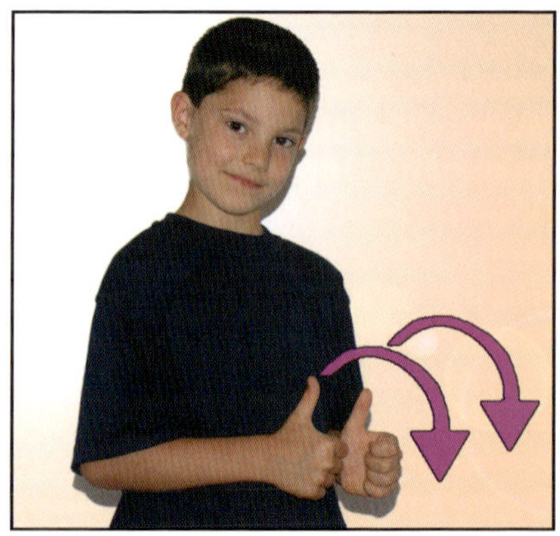

In der DGS ist diese Gebärde sogar ein vollständiger Satz und heißt: „Ich helfe Dir“ – und in der Bewegung zurück: „Du hilfst mir“.

helfen

Fäuste mit hochgestreckten Daumen vor die Brust halten. Dann im hohen Bogen nach vorne bewegen.

teilen

Mit der einen Hand ein- oder mehrmals die Innenfläche der anderen Hand „durchschneiden".

Wo ist ....? (weg, ich weiß nicht, weißt du? was (ist los)?)

Die Hände vor dem Bauch flach ausstrecken und nach außen wegdrehen. Dabei die Schultern heben und fragend schauen.

Ganz persönliche Seiten für Wonneproppens Eltern

Diese Seiten dürfen Sie ganz persönlich gestalten (oder aber auch einfach leer lassen **;-)**). Zum Beispiel können Sie hier festhalten, wann Ihr Wonneproppen zum ersten Mal welche Gebärde gemacht hat und in welcher Situation. (Sie könnten das aber auch zum jeweiligen Gebärdenfoto im Lexikon dazuschreiben!) Nicht als Leistungsdruck, sondern als schöne Erinnerung! Später staunt man darüber. Vielleicht gibt es sogar Schnappschüsse, auf denen Ihr Baby gerade gebärdet? Auch das ist eine schöne Erinnerung, die hier eingeklebt werden kann. Und ganz besonders sollten Sie auf diesen Seiten „Eigenkreationen" von Gebärden Ihrer Familie notieren, damit Sie sie jederzeit nachschlagen und korrekt wiederholen können!

Was war das noch mal?

Mal sehen, wie viele Gebärden Sie heute schon richtig erkennen ... :-)

Auflösung:

Seite: 77, 93, 79

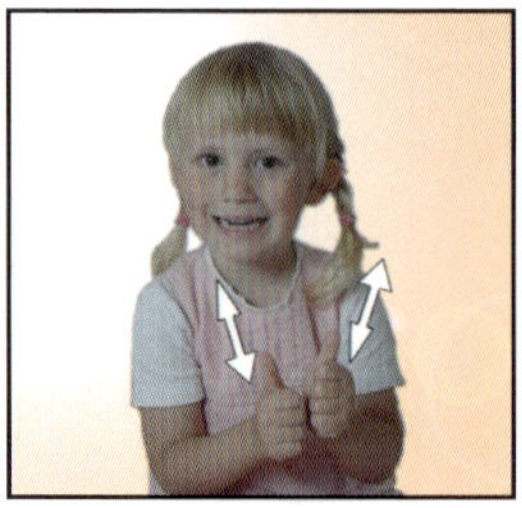

Seite: 98, 82, 88

Seite: 84, 90, 96

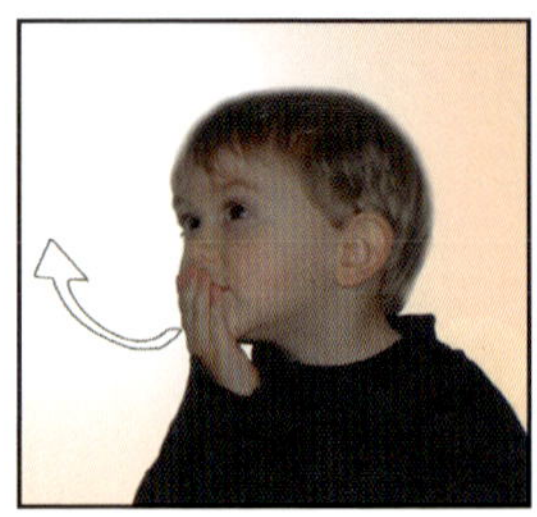

Auflösung:

Seite: 87, 81, 95

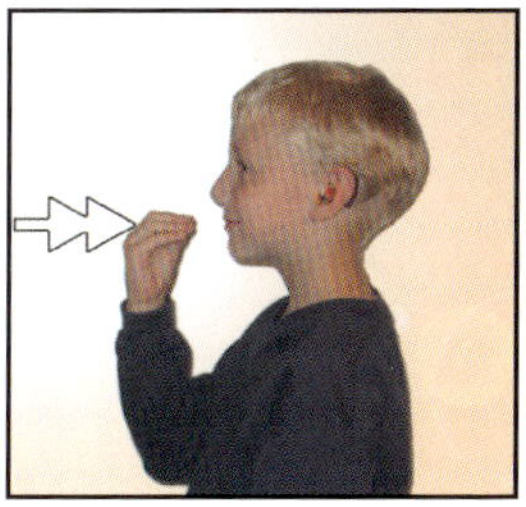
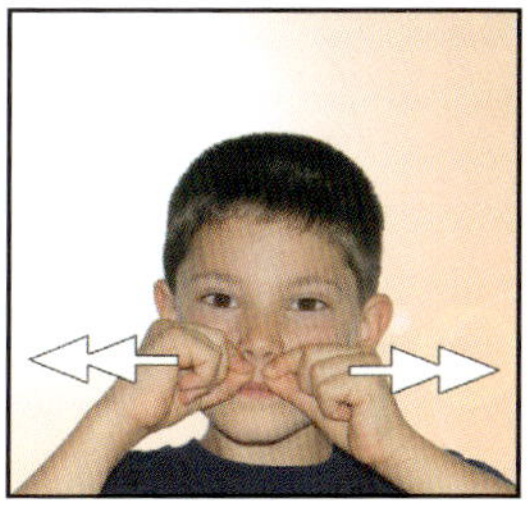

Seite: 76, 80, 78

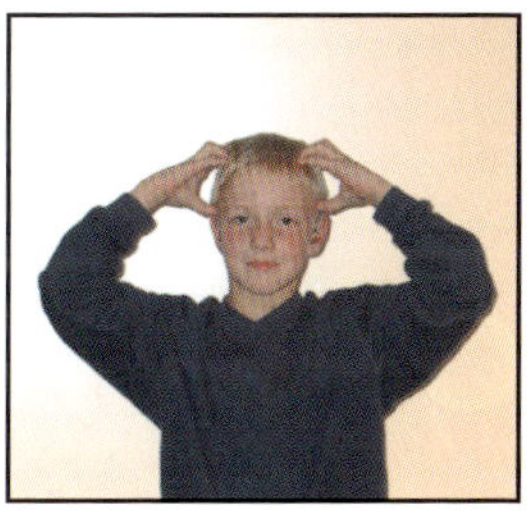

Seite: 87, 84, 92

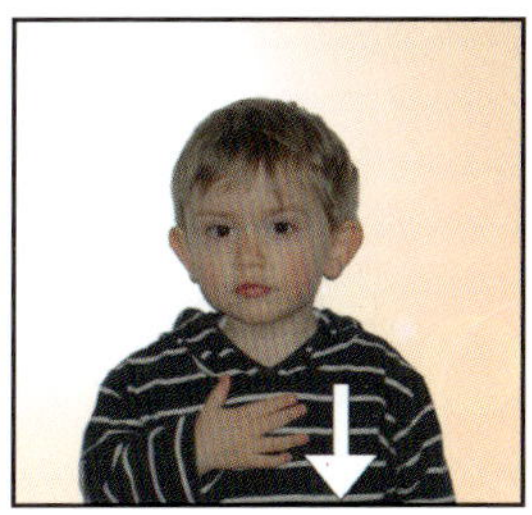

Seite: 92, 97, 96

Was war das noch mal?

Mal sehen, zu wie vielen Begriffen Sie heute schon die richtige Gebärde wissen ... :-)

Auflösung:

Seite: 91, 89, 86

Seite: 97, 88, 95

Seite: 84, 94, 82

Auflösung:

Seite: 85, 89, 90

Seite: 81, 79, 76

Seite: 99, 98, 87

Seite: 94, 90, 93

Beispielsituationen und Beispielsätze

Falls Sie gerne noch etwas Unterstützung dabei hätten, die Gebärden in den Alltag mit Ihrem Wonneproppen einzubauen, können Sie hier einige Anregungen finden.

Die jeweiligen Gebärden sind alphabetisch fortlaufend aufgelistet.
In den Sätzen sind die **Worte** fett gedruckt, die jeweils per Gebärde begleitet werden können.
Oft sind in einem Satz mehrere Gebärden „versteckt". Sätze mit mehreren Gebärden können Sie ruhig von Anfang an verwenden, wenn Sie das mögen (das tun gehörlose Eltern ja auch!). Dann sollten Sie zunächst bewusst langsam sprechen und langsam gebärden, um dem Baby Zeit zu geben, Ihren Händen mit seinen Augen (und seinen Gedanken!) hinterherzukommen. Wahrscheinlich wird Ihr Baby aber erst relativ spät in „Mehrwortsätzen" gebärden. Vielleicht auch gar nicht. Also, nicht entmutigen lassen!
Falls es Sie aber abschreckt, gleich so viel zu gebärden, dann suchen Sie sich bei Ihren gesprochenen Sätzen immer nur das wichtigste Wort für Ihr Baby heraus und gebärden nur das. Reicht völlig aus!
Und verändern Sie die hier vorgeschlagenen Sätze gerne nach Ihrem persönlichen Geschmack und Wortschatz.

Damit es sich richtig gut bei Ihnen einprägt, hier noch einmal die Faustregeln, wie und wann man die Gebärden benutzt:

Wiederholung der Faustregeln:

Faustregel Nr. 1:
Regelmäßig gebärden!

Faustregel Nr. 2:
Die Gebärden lange Zeit mit kurzen und immer den gleichen Sätzen begleiten!

Faustregel Nr. 3:
Der richtige Augenblick!
Die Gebärde genau dann machen, wenn Ihr Wonneproppen
- gerade mit den Augen hinblickt,
- gerade mit den Ohren hinhorcht oder
- gerade mit dem Finger hinzeigt,
- also offensichtlich all seine Aufmerksamkeit genau darauf ausgerichtet ist!

Angst haben (erschrocken sein)

Immer, wenn Sie oder Ihr Baby Angst haben oder über etwas erschrocken sind:
*„Puh, bin ich **erschrocken**!"*
*„Hat dich das **erschreckt**?"*
*„Hast du **Angst** vor dem **Hund**?"*
Wenn Ihr Baby abends im Bett weint und es ein Tag gewesen ist, an dem es Angst hatte, dann thematisieren Sie das Erlebte ruhig:

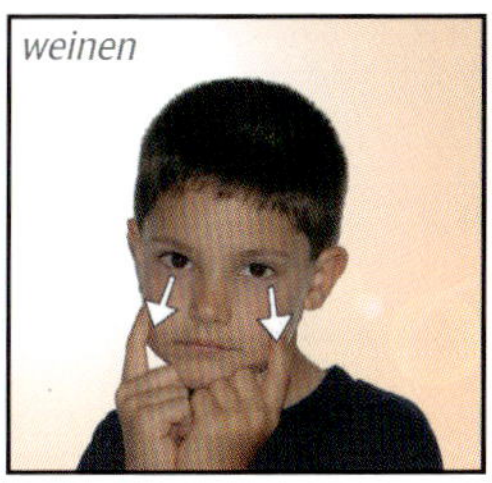

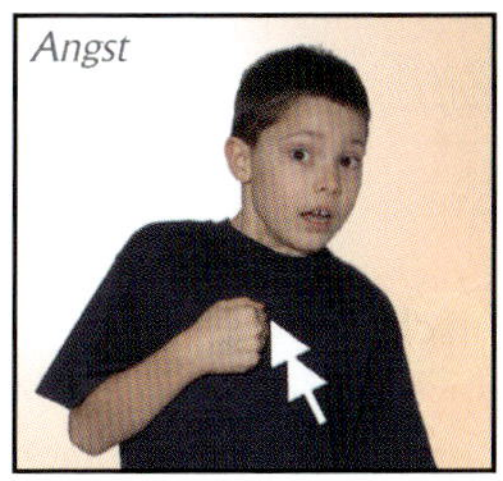

*„Du **weinst** noch, weil dir der **Hund** heute so **Angst** gemacht hat, stimmt's?"*

Damit haben wir bei unseren Kindern sehr gute Erfahrungen gemacht. Z.B. an dem Tag, an dem Lou-Ann die Treppe im Flur vor ihrer Zimmertür hinuntergepurzelt war. Sie zeigte aus dem Bettchen auf die Tür und weinte, bis mein Mann und ich die Tür öffneten und fragten: *„Weinst du, weil du die Treppe **runtergefallen (batsch!)** bist? Ja, da warst du SEHR **erschrocken**!"* Sie wollte die lautmalerische Gebärde „batsch!" bestimmt 20 Mal wiederholen (– Frauen verarbeiten ja angeblich übers Reden (und wieder Reden und wieder Reden ...). Das fängt schon früh an! **;-)**)! Aber danach konnte Lou-Ann dann tatsächlich ruhig einschlafen.

Das kann Ihrem Baby helfen, seine Angst besser zu verarbeiten.

Aua! (Schmerzen haben, wehtun):

Wenn Ihr Baby oder jemand anderes sich wehtut und Schmerzen äußert oder offensichtlich hat (blutet, blauer Fleck, Gips, Pflaster):
*„**Aua**! Das hat **wehgetan**!*
(Soll ich pusten? Kannst du pusten? Streicheln? Heile, heile Segen ...)"
Später auch gut als Warnung einsetzbar:

*„**Achtung**, da tust du dir **weh** - **aua**!"*

Damit Ihr Baby diese Gebärde lernt, können Sie auch spielerisch Schmerzen bei sich oder einem Spielzeug (dem Teddy) vortäuschen:
*„Oh, das Messer ist aber scharf – **Aua!** Das **tut weh**!"*

Oder:

*„Ach, **Teddy** ist die Treppe **heruntergefallen – batsch!!** Oh nein. **Aua! Aua!!** Es hat ihm **wehgetan**!"*

Natürlich möglichst viel Mimik dabei einsetzen, das wirkt!

Auto (Rutschauto)

Immer, wenn Ihr Baby einem Auto hinterherschaut, dem Motorgeräusch hinterherhorcht, es auf einem Bild entdeckt, mit einem spielt oder kurz vorm Einsteigen, wenn Sie mit dem Auto wegfahren wollen:
*„**Da** ist unser **Auto**, brummm!", „Wir fahren jetzt **Auto**."*

Oder wenn es vor dem Autolärm erschrickt:

*„Oh, das **Auto** ist aber **laut**!"*

Entschuldigung (Es tut mir leid!)

Immer, wenn Sie Ihrem Baby wehgetan, ihm gegenüber etwas falsch gemacht oder es erschreckt haben:

*„Oh, **entschuldige**, Schatz. **Tut es weh**? Lass mich mal pusten!"*

Später können Sie ihm beibringen, die Gebärde auch selbst zu zeigen, wenn es etwas falsch macht. Zeigen Sie ihm die Gebärde, und dann lassen Sie sie vom Baby wiederholen oder nehmen liebevoll sein Händchen und führen die Gebärde zusammen aus.

genug (aufhören, fertig, satt, zu Ende)

Diese Gebärde halte ich für eine der allerwichtigsten für Babys. Auch lässt sich an ihr sehr gut zeigen, wie vielfältig ein und dieselbe Gebärde für Babys einsetzbar ist. Manche Gebärden lassen sich in total unterschiedlichen Situationen einsetzen, die vielleicht zunächst für uns Erwachsene nicht unbedingt zueinander passen. Aber für Babyköpfe schon! (Ein paar Beispiele dafür kamen ja schon im Buch vor, z.B. der erste Rüffel meiner Tochter von S. 19.)

Sie können diese Gebärde leicht einführen, wenn Ihr Baby beim Milchtrinken oder Essen „satt" zu sein scheint (offensichtlich, wenn es die Brust oder den Sauger loslässt, das Essen plötzlich ausspuckt oder den Teller vom Tisch fegt ...) und es also „genug" hat, es - anders ausgedrückt - „fertig" ist mit Saugen oder Essen, es „aufhören" möchte mit Saugen oder Essen oder, noch anders ausgedrückt: für das Baby Stillen und Essen „zu Ende" sind: *„**Fertig**! Alles aufgegessen!"*

Sie können diese Gebärde aber auch verwenden, wenn Sie mit irgendetwas anderem fertig sind (Waschen, Wickeln, Spielen, Autofahren):

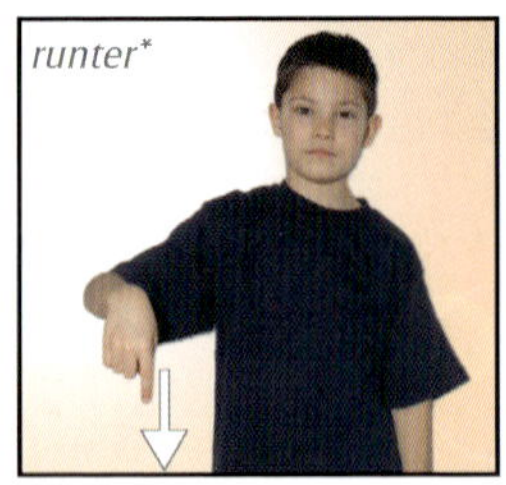

*„**Fertig** mit **Waschen**! Du kannst **runter** vom Wickeltisch."*

*„So, jetzt sind wir da, **fertig** mit **Autofahren**!"*

Suchen Sie sich am besten eine dieser (hier fünf) vorgeschlagenen Worte aus und verwenden Sie den ausgesuchten Begriff längere Zeit ausschließlich in Ihren Sätzen. (Ich z.B. habe immer *„fertig"* verwendet.) Es mag manchmal zu etwas holperigem Deutsch führen, aber Sie helfen so Ihrem Baby, die Gebärde mit dem Wort und der Situation in Zusammenhang zu bringen. Wenn Sie schließlich den Eindruck bekommen, die Gebärde „sitzt" sicher beim Baby – und zwar schon eine Weile -, dann können Sie die Worte variieren. Beobachten Sie Ihr Baby, dann werden Sie schnell sehen, ob es danach die Gebärde bzw. das Wort immer noch richtig verwendet oder verwirrt ist.

Oder wenn Sie möchten, dass Ihr Baby mit etwas aufhört (z.B. an der Tischdecke zu ziehen ...): *„Nein, Schatz,* ***fertig! Hör jetzt auf damit!****"* (Obwohl in dem Fall wohl ein lautes, heftiges, gebrülltes (?) *„Stopp!"* angebrachter sein könnte ...) **;-)**

Mir hat diese Gebärde schon oft in Einkaufsläden geholfen, wenn die Kinder unbedingt einen Gegenstand anfassen wollten. Wenn er nicht kaputtgehen konnte, ließ ich sie ihn kurz haben, machte dann die Gebärde für „genug" und verabschiedete mich (per „winke, winke!") mit ihnen von dem Gegenstand: „So, Schatz, genug! Jetzt müssen wir ihn zurücklegen. Tschühüss! Bis bald!" Den Kindern fiel es so erstaunlicherweise leichter, etwas zurückzulassen, als wenn ich es einfach so zurücklegte.

Oder wenn etwas zu Ende ist, auch im Sinne von „ausgetrunken", „leer" oder „alle, alle": *„Oh, dein Becher ist leer! Bist du* ***fertig****?"*

Am schnellsten wird Ihr Baby die Gebärde nachahmen wollen, wenn Sie sie ihm immer in solchen Situationen anbieten, in denen Babys Wunsch extrem groß ist, dass etwas zu Ende ist! (*„Nein, bitte, bitte nicht noch einen Löffel Brei in meinen Mund stopfen – ich bin proppesatt!!!"*, oder: *„Wann kann ich endlich aus diesem unbequemen Autositz wieder raus?!"*, oder: *„Schön, dass mein Popo jetzt nicht mehr klebt, aber kann ich bitte, bitte endlich runter vom Wickeltisch und wieder krabbeln und Fusseln suchen gehen?!"*) **;-)**

gleich (warte, langsam, nicht so doll, sachte)

Immer, wenn Sie kurz aus dem Blickfeld des Kindes verschwinden, aber gleich wiederkommen:
*„****Warte*** *kurz!", oder: „Ich komme* ***gleich****!"*
Wenn Sie diese Sätze zumindest anfangs ein paar Mal wiederholen, während Sie weggehen, und Ihr Baby Sie zwar nicht mehr sehen, aber so dann wenigstens noch hören kann, wird es Ihrem Baby wahrscheinlich leichter fallen, kurz allein zu bleiben. Oder wenn Ihr Baby etwas haben möchte, aber noch nicht gleich kriegen kann, können Sie sagen:

*„****Gleich****, Schatz, du musst ein bisschen* ***warten****! Wir müssen erst* ***bezahlen****."*

Oder wenn Ihr Baby zu „grobschlächtig" vorgeht: *„****Warte****, Schatz,* ***nicht so doll****." „Du musst das Glas ganz* ***langsam*** *hochheben, sonst spritzt alles raus!"*

heiß (sich verbrennen)

Immer, wenn Sie Ihr Baby vorm Verbrennen schützen wollen, es in die Nähe von einer Glühbirne, Herdplatte, Kerze, Tee, heißem Wasser, Kamin usw. kommt oder sein Essen erst noch kälter gepustet werden muss:

*„**Achtung**, **das** ist **heiß** und **tut weh** – **Aua**!“*

Man kann Babys die Bedeutung der Gebärde klarmachen, indem man sie etwas ungefährlich Warmes anfassen lässt, das aber trotzdem unangenehm wirkt (wie einen erkaltenden Kochtopf) oder sie in die Nähe eines (z.B. Kamin-) Feuers bringt. Die Hitze wird Ihrem Baby dort so sehr entgegenschlagen, dass es von selbst nicht näher herangehen möchte.
Koppeln Sie die Gebärde anfangs immer mit ***„Aua! Das tut weh!“*** und ziehen Sie Ihre Hand ganz schnell von der Gefahrenquelle weg. Ruhig übertrieben deutlich und erschrocken, damit Ihr Baby es sich merkt!

helfen

Immer, wenn Ihr Baby etwas alleine nicht schafft oder Sie selbst seine Hilfe möchten:
*„Soll ich dir **helfen**?“*
*„Kannst du mir **bitte helfen** (die Wäsche aus der Waschmaschine zu ziehen oder was Ihr Baby sonst schon kann)?“*

Wortwörtlich eine sehr hilfreiche Gebärde, denn sie kann viel Frust beim Baby verhindern! Und das Baby kann so schon früh lernen, dass wir einander brauchen und es okay ist, wenn man Hilfe von anderen in Anspruch nimmt. ;-)

Irgendwann fängt ja die Phase an, in der Babys alles allein machen möchten. Wenn es ihnen dann aber nicht gelingt, brauchen sie nicht heulen, sondern können (vielleicht sogar fröhlich) um Hilfe bitten.

Mein Sohn tut das z.B., wenn ein Spielzeug irgendwo festgeklemmt ist oder er den letzten Rest vom Essen im Schüsselchen nicht selbst auf den Löffel kriegt.

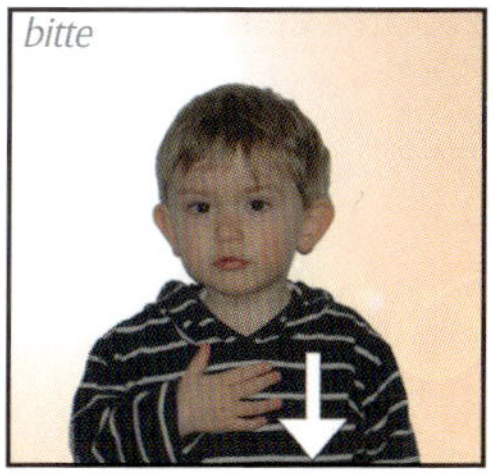

*„Kannst du mir **bitte helfen**?“*

Ich möchte ... (haben)! (bitte)

Immer, bevor Sie Ihrem Baby etwas wegnehmen oder vor den Augen des Babys etwas von einer anderen Person haben möchten, oder wenn Sie jemanden um einen Gefallen bitten:
*„Gibst du mir **bitte** meine Brille wieder?!!“ (aaaahhhh!)*
*„Oma, kannst du mir **bitte** die Butter reichen?“*

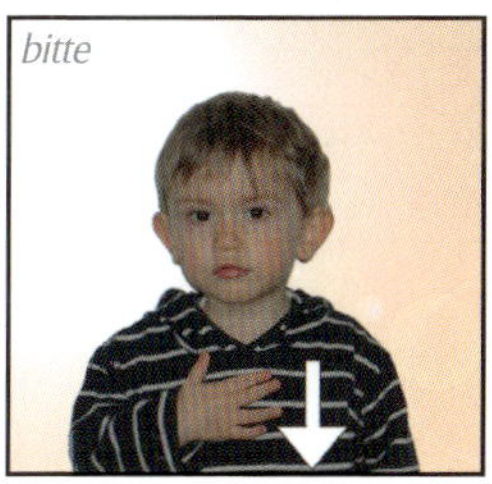

*„**Bitte** einen **Kuss**“*

Später können Sie – ähnlich wie bei den Gebärden für „danke“ und „Entschuldigung!“ – Ihrem Baby beibringen, die Gebärde auch selbst zu zeigen. Immer, wenn es etwas möchte, machen Sie ihm die Gebärde vor, und dann lassen Sie sie vom Baby wiederholen oder nehmen liebevoll sein Händchen und führen die Gebärde zusammen aus.

Katze (oder anderes Tier)

Immer, wenn Ihr Baby eine sieht, miauen hört, sie streicheln oder damit spielen möchte (draußen, zu Hause, im Buch, als Stofftier, im Fernsehen, im Zoo):

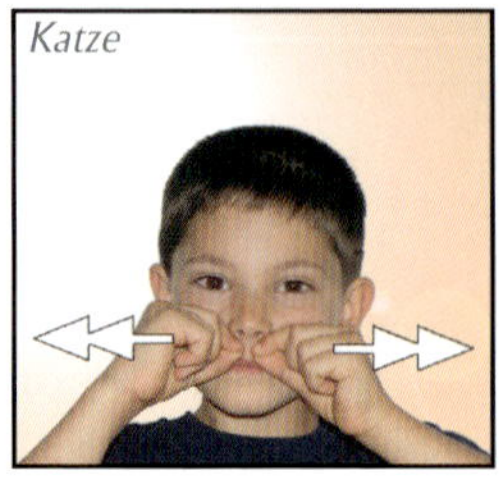

*„**Das** ist eine **Katze**. Die sagt: „**Miau**!“*

Die meisten Tiere kann man zur großen Freude des Babys wunderbar lautmalerisch nachahmen. (*„Schmetterling?! Hmmm...“)* **;-)** Tun Sie das ruhig! Auch wenn Ihr Baby dann vermutlich schneller *„Wauwau“* sagen wird als *„Hund“*, macht das nichts! Solange Sie **„**Wauwau**“** mit dem gesprochenen Wort *„Hund“* koppeln (wie bei Katze beschrieben), wird es den korrekten Begriff später auch noch lernen.

mehr (weitermachen, nochmal)

Wenn etwas zu Ende ist, z.B. das Essen auf Babys Teller, und Sie ihm einen Nachschlag anbieten:

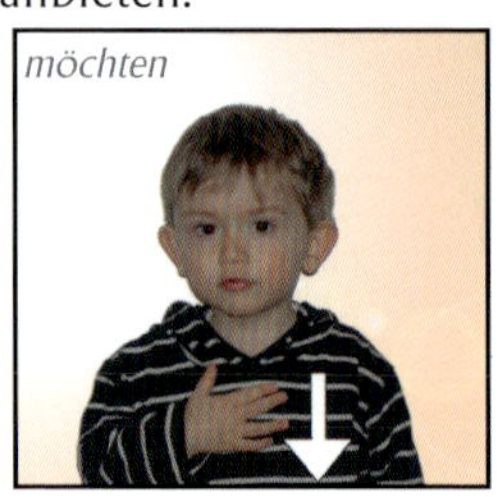

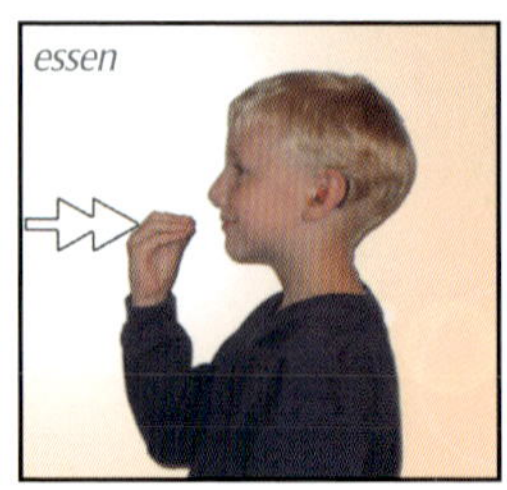

*„**Möchtest** du noch **mehr** zu **essen** haben?“*

Sehr wahrscheinlich wird Ihr Baby diese Gebärde auch verwenden, wenn es nicht ums Essen geht, sondern wenn es noch mehr spielen, mehr kuscheln, mehr sonst etwas möchte.

Wo ist ...? (weg, ich weiß nicht, ... weißt du ...? was ... (ist los)?)

Wenn etwas herunterfällt, Sie oder Ihr Baby etwas suchen, etwas spielerisch versteckt wird oder sonstwie aus dem Blickfeld des Babys verschwindet:

*„Oh, der **Teddy** ist **weg**!"*

*„**Wo** ist mein **Buch?**"*

Personen in Wonneproppens Alltag

Anfangs die Personen-Gebärden immer dann gebärden, wenn diese Person gerade ins Zimmer kommt, plötzlich zu sehen oder zu hören ist.

*„**Hör**, da kommt **Papa** nach **Hause**!"*

Später genauso einsetzbar, um über eine Person auch in ihrer Abwesenheit zu sprechen:

*„Du möchtest wissen, **wo Tim (dein Bruder)** ist? Der sitzt schon im **Auto**."*

Für Geschwisternamen kann man die Gebärden „**Bruder** / **Schwester**" verwenden.
Gibt es aber von einer „Sorte" mehrere (wie ja auch bei Omas und Opas väterlicher- und mütterlicherseits), folgender Vorschlag: Bei Personen, die regelmäßig im Alltag Ihres Babys erscheinen, kann man eine Gebärde suchen, die etwas Typisches oder Auffallendes an dieser Person nachzeichnet, wie z. B. Ohrring, Bart, Lächeln, Stock, Sommersprossen, Leberfleck, Locken, Schlabberhose, Kaugummi, ... werden Sie erfinderisch! (Natürlich darauf achten, dass es liebevolle Gebärden werden, keine beleidigenden!)

Fragen, die im Laufe der Zeit kommen können

Mit diesem Buch haben Sie, wie ich hoffe und finde, schon sehr, sehr viel Werkzeug an der Hand, um mit Ihrem Baby zu kommunizieren. Es könnte aber sein, dass Ihnen im Laufe der Zeit ein paar Fragen kommen, die in diesem Buch nicht beantwortet werden, wie z.B. folgende:

„Wie bringe ich meinem Wonneproppen Plural / Mehrzahl bei?“
„Wann zeigt man einzelne Gebärden nur einmal, und wann wiederholt man sie mehrmals hintereinander?“
„Wie gebärde ich Tierbabys (also z.B. Küken, Ferkel usw.)?“
„Was ist mit Gebärden für die verschiedenen Nahrungsmittel?“
„Wie ist es mit abstrakten Begriffen? Muss oder kann ich die meinem Baby überhaupt beibringen?“
„Gibt es eine Internetadresse oder andere Möglichkeiten, wo ich noch mehr Gebärden finden kann?“

Leider muss ich Sie an dieser Stelle vertrösten. Das sind alles super Fragen, die zeigen, dass Sie schon voll in der Materie drin sind und im Grunde genommen schon zu den „Fortgeschrittenen“ gehören. Hätten Sie dann nicht Lust, mal in Band 2 reinzuschauen? Dort finden Sie nämlich Antworten auf all diese Fragen und noch viel, viel anderes Wertvolles und Spaßmachendes, Tipps, Lieder, Spiele und Gebete mit Gebärden. Oder kommen Sie zu einem meiner Seminare und werden Sie dort Ihre Fragen los.

So, das war's eigentlich. Jetzt folgen nur noch ein paar Quellenangaben, Hintergrundinfos, ein paar persönliche Worte von mir, über die Illustratorin Kerstin Schotte-Mertens und über mich ... (siehe Inhaltsverzeichnis). Also, gerne weiterlesen, wenn Sie noch Zeit und Lust übrig haben. Ansonsten verabschiede ich mich an dieser Stelle schon mal kurz von denen, die gerade Wichtigeres zu tun haben. Ich hoffe, das Buch hat Ihnen und Ihrem Wonneproppen richtig viel gebracht! Alles Gute für die Zukunft - und vielleicht bis bald!?

Sonja Grewing

Anhängliches

Literaturverzeichnis

- Apotheken-Zeitschrift: „Baby und die ersten Lebensjahre". Baierbrunn 8/2004.
- Acredolo, Linda P. / Goodwyn, Susan W., Baby-Sprache: Wie Sie sich mit Ihrem Kleinkind unterhalten können, bevor es sprechen lernt. Reinbek bei Hamburg 2001.
- Daniels, Marylin, Dancing with Words: Signing for Hearing Children's Literacy. Bergin & Garvey 2001.
- Dietenmeier, Michaela / Steindlmüller-Werz, Erna: So lernt mein Kind richtig sprechen: Merkmale, Übungen, Hilfen und Spiele. Berlin 2002.
- Garcia, Joseph, Sign with your Baby: How to communicate with infants before they can speak. Seattle / Bellingham, USA 1999/2000.
- Hildesheimer Allgemeine Zeitung vom 17. August 2004.
- Warburton, Karyn, Baby Talk – Baby Sign Language for Hearing Babys. New Zealand 2004.
- Wendlandt, Wolfgang, Sprachstörungen im Kindesalter: Materialien zur Früherkennung und Beratung. Stuttgart/New York 2000.

Endnoten

* Mit Sternchen gekennzeichnete Fotos sind Band 2 entnommen. Dort finden Sie genaue Erläuterungen dazu.

Alltägliches (S. 6-7)

[1] Vgl. die Untersuchungen der amerikanischen Wissenschaftlerinnen Linda Acredolo und Susan Goodwyn, nachzulesen z.B. unter http://www.babysigns.com/index.cfm/fuseaction/institute.research/research.cfm oder in der deutschen, zzt. leider vergriffenen Ausgabe ihres Buches: Acredolo, Linda P. / Susan W. Goodwyn, Baby-Sprache: Wie Sie sich mit Ihrem Kleinkind unterhalten können, bevor es sprechen lernt. Reinbek bei Hamburg 2001.

Theoretisches (S. 8-15)

[1] Wer es genau wissen möchte, kann es nachlesen im Buch von Michaela Dietenmeier und Erna Steindlmüller-Werz, So lernt mein Kind richtig sprechen: Merkmale, Übungen, Hilfen und Spiele. Berlin 2002, S. 7ff.
Und vielleicht haben Sie's auch schon gehört: Selbst Alete weist jetzt darauf hin, dass ein Baby für ein Wort „über 30 verschiedene Muskeln koordinieren" und also erstmal kräftig trainieren muss! Vgl. z.B. die Alete-Werbung im Schlecker BabyClub: Für Mama, Papa und mich. Das Clubmagazin 04/06. Verlag u. Herausgeber: Anton SCHLECKER, Ehingen.

[2] Babygebärden und Gebärdensprache unterscheiden sich übrigens darin, dass letztere viel mehr beinhaltet als z.B. die Aneinanderreihung von Handzeichen (nämlich auch Syntax, Grammatik, Mundbilder). Für die Babygebärden „entleihen" wir uns lediglich die Gebärden der offiziellen Gebärdensprache. Denn oft zeichnen sie verblüffend anschaulich einen Begriff nach, so dass man sie auch ohne Vorkenntnisse „verstehen" kann. Das macht das Erlernen der Babygebärden so einfach und oft richtig lustig!

[3] Vgl. Garcia, Joseph, Sign with your Baby: How to communicate with infants before they can speak. Seattle / Bellingham, USA, 1999/2000, S. 5 u. 13.

[4] Vgl. Garcia, Joseph, Sign with your Baby, S. 18, sowie Apotheken-Zeitschrift: „Baby und die ersten Lebensjahre". Baierbrunn 8/2004, S. 12.

[5] Nachzulesen z.B. in
- Garcia, Joseph, Sign with your Baby, S. 5, 24f.
- Acredolo, Linda P. / Goodwyn, Susan W., Babysprache, S. 52ff, 141ff.
- Warburton, Karyn, Baby Talk – Baby Sign Language for Hearing Babys. New Zealand, 2004, S.15-17. Vgl. ebenso Warburton Babytalk – Quick Reference Chart, S. 4.

[6] Gebärdensprache stellt eine Zweitsprache dar. Und zweisprachig aufwachsende Kinder sprechen beide Sprachen im Alter von zwei Jahren angeblich besser als einsprachig aufgewachsene. Vgl. Garcia, Joseph, Sign with your Baby, S. 5.

[7] Vgl. Wendlandt, Wolfgang, Sprachstörungen im Kindesalter: Materialien zur Früherkennung und Beratung. Stuttgart/New York, 2000, S. 22.

[8] Aufmerksamkeitsdefizit-Hyperaktivitätsstörung

[9] Vgl. Hildesheimer Allgemeine Zeitung vom 17. August 2004, S. 12.

[10] Autorin des Buches: Dancing with Words, Signing for Hearing Children's Literacy. Bergin & Garvey, 2001. Vgl. dazu auch die Homepage http://www.abcsign.com.

[11] Weitere schöne und wohl die lustigsten Vorteile der Babygebärden – für Babys und den Rest der Familie - habe ich auf der Homepage www.abcmesign.com unter „benefits" gefunden (ich übersetze):
- „Kinder können gleichzeitig weinen und gebärden,
- Du kannst essen und gebärden,
- Eltern können über einen Raum hinweg ein Kind korrigieren,

- Kinder können aus der Entfernung mit Eltern kommunizieren ohne herumzuschreien,
- Kinder können aus der Entfernung an gutes Benehmen erinnert werden,
- Kinder lernen es, Körpersprache zu lesen,
- Du kannst dich in Kino, Theater oder Kirche unterhalten,
- Du kannst dich unter Wasser „unterhalten",
- (ich ergänze hier: Du kannst dich auf der Autobahn mit Leuten in einem anderen Auto unterhalten – ohne Handy!),
- (mein Favorit – hihi - :) „Du kannst dich beschweren, wenn deine Eltern deine Zähne zu dolle mit Zahnseide bearbeiten."

Und für Schullehrer gibt es auf dieser Homepage auch noch interessante Hinweise.

Erstaunliches (S. 16-33)

[1] Die Altersangaben meiner Kinder variieren dabei. Ich hoffe, das wird Sie nicht verwirren. Es liegt einfach nur daran, dass dieses Buch über mehrere Monate (Jahre) hinweg entstanden ist und sich das Alter meiner Kinder von daher natürlich auch immer verändert hat.

Praktisches (S. 34-69)

[1] Vgl. z.B. Garcia, Joseph, Sign with your Baby, S. 14.

[2] Vgl. Warburton, Baby Talk, S. 13.

[3] Vgl. Homepage www.abcmesign.com/files/benefits.htm, S.2.

[4] Auch bei Kindern, die tatsächlich sprachbehindert sind, können Gebärden eine große Hilfe sein und werden deshalb z.B. bei Kindern mit Down-Syndrom oder Autismus eingesetzt. Nochmal der Hinweis, dass Sie, wenn es Sie interessiert, auf der Homepage der Herausgeberin unter www.gebaerden.de etwas dazu nachlesen und weiterführende Links finden können.

[5] Dietenmeier, Michaela / Steindlmüller-Werz, Erna, So lernt mein Kind richtig sprechen: Merkmale, Übungen, Hilfen und Spiele. Berlin 2002. Wolfgang Wendlandt, Sprachstörungen im Kindesalter. Stuttgart/New York 2000. In Letzterem finden interessierte Eltern auf S. 15 u. 25 tolle Übersichten über die typische Reihenfolge der Lautbildung bei Kindern in den ersten vier Lebensjahren. (So lange dürfen wir unseren Wonneproppen also getrost Zeit lassen!). S. 15:

> Um das erste Lebensjahr herum werden die ersten Laute gezielt gebildet. Das sind diejenigen, die sich vom Mund leicht ablesen lassen und die vom Kind selbst leicht zu bilden sind, also z.B. „m" und „p". Diese Laute werden in der Regel zu den ersten Worten „Mama" und „Papa" verbunden ... In der weiteren Sprachentwicklung bildet das Kind immer mehr Laute und immer längere Sätze, wie „Mama, komm!" oder „Mama, Milch haben!" ... In seiner Artikulation (Aussprache) gelingt es dem Kind zunehmend besser, die Laute seiner Muttersprache richtig zu bilden. Dabei werden zuerst die Laute beherrscht, die im vorderen Mundbereich geformt werden, dann diejenigen des mittleren (z.B. „l", „n" und „t") und später diejenigen Laute und Lautverbindungen (z.B. „kr" und „gl"), die im hinteren Mund- und Rachenbereich entstehen ..." Besonders schwierig sind Zischlaute und komplizierte Konsonantenverbindungen wie „kl" und „dr".

[6] Hier muss angemerkt werden, dass es deutschlandweit zurzeit noch nicht DIE einen, überall geltenden offiziellen Gebärden gibt, sondern, wie bei unserem gesprochenen Deutsch, manche regionalen „Dialekte". Die in diesem Buch verwendeten werden in der Regel deutschlandweit gut verstanden.

[7] Vgl. Daniels, Marilyn, Dancing with Words: Signing for Hearing Children's Literacy. Bergin & Garvey, 2001. S. 77f u.a.

[8] Zum allergrößten Teil sind die Babygebärden der offiziellen DGS (Deutsche Gebärdensprache) entnommen; nur in wenigen Fällen haben wir – aus guten Gründen – andere gewählt. Diese wenigen „nicht-ganz-oder-nicht-offiziellen" Gebärden sind für die Eltern, die es genau wissen wollen, bei der alphabetischen Auflistung der Gebärden ab Seite 136 mit einem „° " versehen. (Achtung: Manche Beispiele, die nun angesprochen werden, kommen nur in Band 2 vor!)

Wo wir Gebärden als viel zu anspruchsvoll für Babys empfinden, haben wir - in wenigen Fällen - den Babyhänden und Fähigkeiten der Babys entsprechend die offizielle Gebärde entweder vereinfacht (z.B. haben wir für **„Sandkasten“** nur die Gebärde **„Sand“**° gewählt) oder stattdessen eine Gebärde mit einer anderen, aber verwandten Bedeutung gewählt (z.B. schlagen wir deshalb statt der offiziellen Gebärde **„Stern“**° eine poetische Variante vor). Oft haben wir Begriffe zusammengefasst, die in der DGS zwar differenziert werden, von Babys aber noch nicht oder nur schwierig. (Z.B. bei unserem Gebärdenvorschlag für **„genug“**: Manche Eltern mögen stattdessen vielleicht lieber die offizielle Gebärde für **„fertig“** oder **„satt“** wählen. In der DGS gibt es diese. Bei Babys kann man aber getrost reduzieren und erst später differenzieren.) Selten haben wir auf ausländische Gebärden zurückgegriffen, nämlich nur dann, wenn uns dort ein Zeichen im Vergleich zur deutschen Gebärde viel einfacher oder „einleuchtender“ für Babys vorkam oder die deutsche Gebärde einer anderen zu sehr ähnelt (z.B. ist die Bewegung der rechten Hand bei der deutschen Gebärde **„Maus“**° recht ähnlich wie die für die Gebärden **„Schlange“**° und **„Fisch“**. Die bewegungslose linke Hand bei **„Maus“** wird zudem von den meisten Babys übersehen und nicht nachgeahmt werden. Sie konzentrieren sich auf die Hand, die sich bewegt. Falls beide Hände bei einer Gebärde beteiligt sind, ist das Nachahmen für Babys leichter, wenn beide dieselbe Bewegung ausführen. In ASL (American Sign Language) ist die Gebärde „Maus“ einfacher und, wie ich finde, auch niedlicher als in der DGS. Deshalb unsere Wahl für eine ähnliche Gebärde wie bei der ASL-Variante. Übrigens machen viele Eltern in der gesprochenen Sprache ja genau dasselbe. So verabschieden sich viele Babys schon früh mit dem englischen *„bye-bye“*. Das deutsche *„tschüss“* ist viel schwieriger auszusprechen und klappt erst später.)
Und in ganz wenigen Fällen schlagen wir eine Gebärde vor, die von der offiziellen Gebärdensprache abweicht, aber für die Babys „erfahrbar“ und dadurch eindrücklicher und besser nachvollziehbar ist. (Z.B. bei **„hell“**° und **„dunkel“**° erleben Babys mit unserem Gebärden-Vorschlag genau dieses, dass es für sie nämlich dunkel und hell wird. Als Gebärde für **„runterfallen“** schlagen wir eine lautmalerische Variante als Warnung für die Babys vor. Der kleine *„Klatsch“* dabei macht das Baby auf jeden Fall aufmerksamer (und hoffentlich dadurch dann auch vorsichtiger). Und die Gebärde für **„verstecken“**° passt, weil Babys sich erfahrungsgemäß die erste Zeit genau und nur so verstecken!)

Last but not least: Danksagungen

Angefangen hat alles im Sommer 2000 in Arlington, Virginia, als ich durch Trudy Poole zum allerersten Mal von den Babygebärden erfuhr. Weißt Du das noch, Trudy? Ganz herzlichen Dank für alle interessanten Gespräche!

Weiter ging's mit Fred und Jacquie Heyn. Ein dickes Dankeschön an Euch, denn Ihr habt uns, als es aktuell wurde (mit Lou-Ann im Bauch), mit Humor (ich werde nie Deinen Bach-Beethoven-Hühner-Witz vergessen, Fred!), mit Hoffnung und Literaturtipps versorgt und damit geschafft, was Ihr bestimmt wolltet: mich im Mutterwerden und -sein ermutigen. Ihr wart und seid ein echter Segen für unsere Familie, und ich hoffe, dass wir noch viel Zeit zusammen verbringen können.

Dann ein Dank an meinen Mann, der so verrückt gewesen ist (bis heute), alles mitzumachen und auszuprobieren, was seine Frau an Ideen anschleppt. **;-)** Und Du bist es ja auch gewesen, der mir den Floh ins Ohr gesetzt hat, mir aufgrund unserer tollen Erfahrungen mit den Babygebärden zuzutrauen, selbst ein Buch darüber zu schreiben. Danke auch, dass ich Deine Geduldsfäden so oft strapazieren durfte und Du mir so ein gutes Gegenüber gewesen bist.

Danke an meine Verlegerin Birgit Jacobsen, dass Du an mich und an mein Buch geglaubt hast (und ich tatsächlich meinen Stil beibehalten durfte!!!), Du so eine tolle Beraterin (und „Korrekteuse") gewesen bist und ich bei Dir so viel über Gebärdensprache und Gehörlose (und darüber hinaus) lernen konnte. Ich hoffe, der Kontakt reißt auch nach dem Buch nicht ab!

Insbesondere an Frieder Trommer (Stiftung Christliche Medien) wegen allem Einsatz zu diesem Projekt. Aber auch Euch allen aus der Buchproduktion, Lektorat, Gesamtorganisation, Rechte & Lizenzen, Public Relations und aus der Werbung des Hänssler Verlages. Es war eine wertvolle Erfahrung für mich, mit Euch mal nicht als Kollegin, sondern als Autorin zu tun zu haben. Jetzt weiß ich Eure Arbeit sogar noch mehr zu schätzen! Und herzlichen Dank, dass ich Euch immer wieder "triezen" durfte.

Kerstin Schotte-Mertens, ich freue mich sehr, dass Du „mit im Boot“ bist und mein Buch durch Deine niedlichen Zeichnungen und viele tolle Ideen so bereichert hast! Die besten Wünsche für Dich und Deine Familie (und Verwandten **;-)**)!

Und Hella Menschel, was hätten Birgit und ich nur ohne Deine bodenständige Art und Erfahrung als Mutter und Leserin gemacht?! Danke für alle kreative, layouterische "Liebe fürs Detail" und alle Geduld bei all dem Hin- und Her.

Danke Christian Grewing (mein Mann!), Johannes Sachs, Heike Joas, Sandra Binder, Beate Tumat, Andrea Brennenstuhl und Uwe Renner, dass Ihr mir bei den Fotos mit Rat und Tat und Humor zur Seite standet. Es hat viel Spaß gemacht!

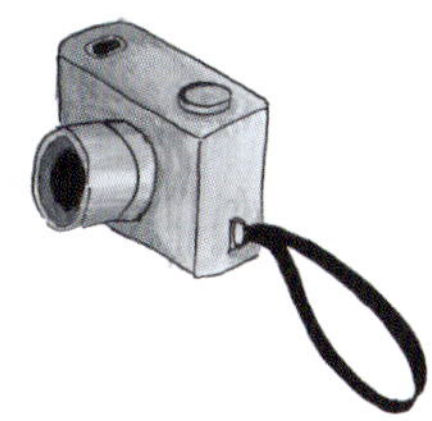

Einen besonderen Dank an unsere mutigen „Models“: Ann-Christine und Sarah-Maria Straw, Deborah und Jessica Thum, Gideon Pross, Rico und Nick Apel (Nick ist erst in Band 2 zu sehen), Florian und Sarah Brennenstuhl sowie meinen zwei Kleinen (die oft völlig entnervt waren, wenn Mama schooon wieder mit der Kamera ankam).
Durch Euch hat mein Buch eine besondere und (für Christian und mich) ganz persönliche Note bekommen. Danke, dass Ihr mitgemacht habt!

Danke an Simone Mörsch und Dana Apel von der Landesbildungsstätte für Hörgeschädigte in Hildesheim. Eure und Jörgs Hintergrundinformationen und persönlichen Erfahrungen mit hörgeschädigten Babys und Kindern waren so eine wertvolle Ergänzung (und z.T. auch Korrektur)! Und liebe Grüße an Rico und Nick. Euer „Gebärden-Kissen“ in Lou-Anns Bett erinnert uns jeden Tag an Euch.

Danke Christiane Audéoud, dass Du mir als Logopädin fachlich wichtige Hintergründe und Tipps geliefert und so kräftig mitgegrübelt hast.

Dann Dank an alle, die mir Zeit oder Nerven freigeschaufelt haben, damit ich überhaupt an diesem Buch arbeiten konnte: Hauptsächlich meinen Eltern  (Eigentlich müsste ich das komplette Buch EUCH widmen, denn ohne Euch wäre das Ganze überhaupt nicht machbar gewesen! Ihr habt es geschafft, dass ich mir in dieser arbeitsintensiven Zeit nicht ganz wie eine Rabenmutter vorkam und Lou-Ann und Noah jetzt ständig bei Euch

„Urlaub" machen wollen! **;-))**! Dann an meine Schwiegereltern und unserer Babysitterin Linda alias Alinda. Ohne Euch wäre ich heute noch nicht fertig (außer mit den Nerven ...)! Und Maren Weniger, Beate und Holger Tumat, Ute Hauser, Sandra Binder, Ute Richter und meinem Hauskreis für alles Mitdenken, Kritisieren, Korrigieren, Lektorieren, Mitbibbern oder Mitbeten.

Nicht zu vergessen: Ansgar. *„Was, ich?!"* Ja, Du! Danke für Deine Begeisterung über Lou-Anns Babygebärden in den sechs Monaten, die Du mit uns verbracht hast, und für Deine persönlichen „Werbekampagnen".

Ermutigungs-Spritzen habe ich auch von Euch beiden in rauen Mengen bekommen: Katrin Götte und Maren Weniger. Eure Freundschaft bedeutet mir so viel! Maren hat mich inzwischen in die wunderbare Welt der PowerPoint-Präsentationen für die Seminare eingeführt.

Darf ich auch noch meinen beiden Wonneproppen danken?! Dass sie die goldigsten „Versuchskaninchen" waren?! Ich hab' euch so lieb! (Und hoffe, Ihr werdet mir als Teenager nicht dafür „die Gurgel umdrehen", dass ich so viele super-süße Fotos und Anekdoten von Euch veröffentlicht habe, sondern Euch darüber freuen!)

Und ein stilles und ein lautes Danke an meinen Vater im Himmel (und damit, Birgit, meine ich Gott und KEINEN verstorbenen Verwandten! **;-))**, der seiner Tochter, die immer vor vielem so ein Muffensausen hat, nicht zuletzt vorm Muttersein, immer wieder die richtigen Leute und Freunde und Bücher und Lieder und Bibelverse und so viel Segen zur Seite gestellt hat. Du bist der Beste!

„Hast du auch schon ein gutes Ende für das Buch?!", fragte mich neulich meine Schwiegermama. *„Ich denke schon!"*, gab ich, glaub' ich, zur Antwort. Und jetzt bin ich hier und merke: Oh weia, so ein richtiges Ende habe ich doch noch gar nicht im Kopf! Ob überhaupt alle Leser bis hierher vordringen? Ich würde mich freuen, vor allem, weil das auch ein Zeichen wäre, dass Sie dieses Buch nicht frustriert in die Ecke gedonnert haben (oder es zumindest wieder aufgehoben und doch noch mal zur Hand genommen haben ...)! Aber am liebsten würde ich mich jetzt gar nicht von Ihnen verabschieden. Es hat mir nämlich wirklich Spaß gemacht, mit Ihnen so viel Zeit zu verbringen! Und am allerliebsten wäre mir, unser Kontakt würde hier auch nicht aufhören. Ich bin nämlich so gespannt (und schon auch ein bisschen nervös ...), wie Sie und Ihr Wonneproppen klarkommen mit meinen Vorschlägen und Ideen. Riesig freuen würde ich mich deshalb, wenn Sie Kontakt zu uns aufnehmen. Sie könnten – wie ja schon einige Male erwähnt – die Homepages besuchen oder eine E-Mail schicken und dort von Ihren Gedanken und Erfahrungen berichten. Oder auch Fragen stellen. Oder Fotos von Ihrem Wonneproppen schicken! Vielleicht könnten wir die sogar auf der Homepage veröffentlichen, damit auch noch andere Eltern sich daran freuen können!? Außerdem finden Sie dort weitere und neueste Entdeckungen zum Thema und können sich neu motivieren lassen. Und vielleicht lernen wir uns ja sogar persönlich kennen – bei einem der Workshops oder Seminare?

Für mich persönlich hätte dieses Buch sein Ziel erreicht, wenn es Ihnen dabei helfen konnte und kann,

- mehr Freude, Staunen und Gelassenheit in Ihren Babyalltag zu bekommen,
- Ihren Wonneproppen sogar noch ein kleines bisschen lieber zu gewinnen,
- die Zeit mit Ihrem Baby noch besonderer und intensiver zu erleben,
- beim Lesen und Ausprobieren das eine oder andere Mal zu schmunzeln oder sogar zu lachen!

Ansonsten bleibt mir nur noch, Ihnen und Ihrem Wonneproppen Gottes Segen und viel Freude an- und miteinander zu wünschen!

Tschüss!

Ihre Sonja Grewing

mit Lou-Ann + Noah

Über die Autorin

Sonja Grewing

Jahrgang 1971, aufgewachsen in Bad Salzdetfurth und Hildesheim. Vor dem Abitur ging sie ein Jahr als Austauschschülerin in die USA.
Nach dem Abitur 1991 arbeitete sie ein Jahr beim Teemobil von Jugend für Christus e.V. und absolvierte von 1992 -1994 ein theologisches Vorstudium im Geistlichen Rüstzentrum Krelingen (wo sie ihren Mann Christian Grewing kennenlernte!).
1994 zog sie zwecks Ausbildung zur Religionspädagogin ins „Schwabenländle" in die Bibelschule Aidlingen.
1997 Hochzeit mit Christian Grewing und Arbeitsbeginn als Religionspädagogin in Metzingen. Von 1998 bis 2000 absolvierte sie eine berufsbegleitende Aufbauausbildung an der landeskirchlichen Ausbildungsstätte Karlshöhe in Ludwigsburg.
2000 hatte sie ihre ersten „Begegnungen" mit Babygebärden bei einem USA-Urlaub.
Seit 2000 ist sie Mitarbeiterin des Hänssler Verlages in Holzgerlingen bei Böblingen / Sindelfingen und wohnt seit 2001 in Weil im Schönbuch.
2001 kam Lou-Ann zur Welt und wuchs ab 2002 mit Babygebärden auf. Im selben Jahr begann Sonja Grewing privat, andere Eltern mit dem „Babygebärden-Virus" zu infizieren ... ;-)
2003 wurde Noah geboren und parallel dazu dieses Buchprojekt.
Seit 2005 gibt es die Homepage www.letstalkbaby.de und seit 2006 bereits Workshops und Seminare von Sonja. In ihrer Freizeit spielt Sonja Grewing gerne Basketball, unternimmt Nordic-Walking-Touren und fährt Fahrrad. Sie liest viel und liebt Musik. Und noch mehr Jesus Christus.

PS: Tochter Lou-Ann betet sehr dafür, dass es bald noch einen Wonneproppen mehr in der Familie Grewing gibt! ...

Über die Illustratorin

Kerstin Schotte-Mertens

Jahrgang 1975, aufgewachsen in Stuttgart. Studierte multimediale Kommunikationsgestaltung an der Fachhochschule Vorarlberg, Österreich.
Seit 2000 wieder in Stuttgart lebend, verheiratet, eine 6-jährige Tochter.
Seit 7 Jahren selbständige Tätigkeit im Bereich Graphic Design, Webdesign und Illustration mit dem Designbüro ARTISCHOTTE in Stuttgart

(www.artischotte.de).

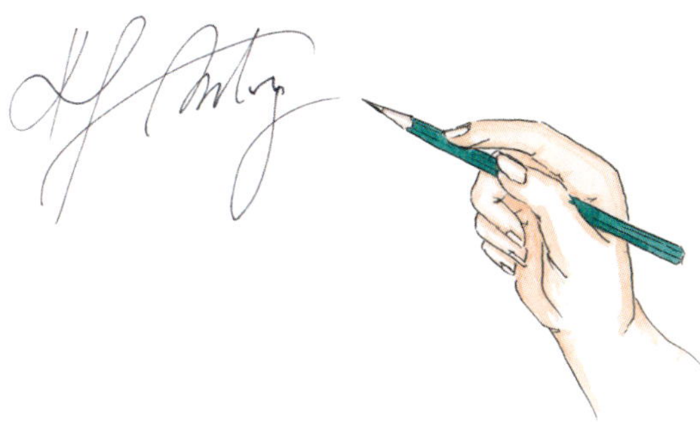

Vorschau auf das „Große Babygebärden-Lexikon“

Vielleicht geht es Ihnen bald so wie unserer Familie:
48 Gebärden reichen einfach nicht aus!

Wir fanden es so fantastisch zu sehen, wie unsere Babys Gebärden verstehen und selbst anwenden, dass wir bald noch mehr Gebärden kennenlernen wollten. (Wie schon erwähnt, war Lou-Anns aktiver Gebärden-Wortschatz mit 14 Monaten ja schon 50 Begriffe groß!) So saß ich manchmal da mit 5 (!) unterschiedlichsten Gebärdenbüchern plus dem Internet auf meinem Laptop und war auf der Suche nach neuen Gebärden. Abgesehen davon, dass das furchtbar zeitaufwendig war (ganz zu schweigen, wie teuer es ist, die alle überhaupt erst einmal anzuschaffen ...), musste ich manchmal frustriert aufgeben, weil ich den **einen** Begriff, den ich jetzt hätte gut gebrauchen können, trotzdem nicht darin fand. Deshalb war es mir ganz wichtig, ein Babygebärden-Lexikon zu entwickeln, in dem möglichst **alle** uns nur erdenkbar wichtigen Gebärden für den Alltag mit einem Baby vorgestellt werden. Und das ist passiert! Leider gab es dieses Buch noch nicht, als meine Kinder klein waren, aber Sie können es für Ihr Baby haben:

„Let´s talk Wonneproppen!“ Band 2: Babygebärden für Begeisterte

Falls Sie einen der folgenden Begriffe einmal suchen sollten, können Sie die Gebärden dafür in Band 2 finden:

A:
abwechseln, Achtung!, Affe, Ameise, Ampel, (nicht) anfassen, Angst haben, (Fahrzeug-) Anhänger, anziehen, Arbeit, arbeiten, Arbeiter, artig, Arzt/Ärztin, Aua!, auf Toilette gehen, aufhören, Aufpassen!, aufräumen, ausziehen, Auto

B:
Baby, backen, baden, Bagger, Bahn, Ball, Bär, bauen, Bauklötze, Baum, beten, Betonmischer, Bett, bezahlen, Biene, bitte, blühen, Blume, Bobbycar, Bohrer, Boot, brav, Bravo!, Brille, Bruder, Buch, Buggy, Bus

C:
Computer

D:
danke, Donner, Drachen, dreckig, Dreirad, Du darfst das., Du darfst nicht...!, dunkel, Durst haben, duschen

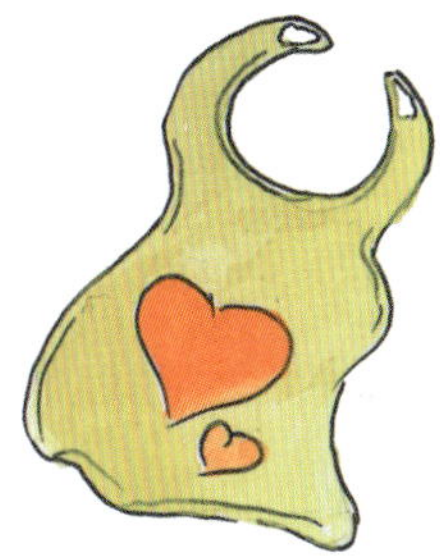

E:
egal, Eichhörnchen, Eimer, ein bisschen, eincremen, einkaufen, Elch, Elefant, Ente, Entschuldigung, erschrecken, Es tut mir leid!, Esel, essen

F:
Fahne, Fahrrad, Fahrzeuge mit Martinshorn, (etwas) fangen, Fangen spielen, Fernseher, Fernsehen gucken, fertig, Feuer, Fisch, Fliege, fliegen, Flöte, Flugzeug, Fluss(wasser), Meer, Fön, Fotoapparat, Freund / Freundin, frieren, fröhlich sein, Frosch, Fuchs

G:
Gans, gehen, Geld, genug, Giraffe, Gitarre, gleich, Glocke, Gott, groß, Guck mal!

H:
Hahn, Hammer, Hamster, Hase, (nicht) hauen, Haus, heilmachen, heiß, helfen, hell, hinsetzen, Hirsch, Hochhaus, Hör mal!, Hornisse, Hubschrauber, Huhn, Hummel, Hund, Hunger haben

I:
Ich hab dich lieb!, Ich möchte ... (haben)!, Ich weiß nicht ...!, Igel, ieh!, in die Windel machen

J:
ja, Jesus

K:
Käfer, kalt, Kamel, kämmen, kämpfen, Känguru, kaputt, Kapuze, Karussell, Katze, Kerze, Kind, Kindergarten, Kinderwagen, Kirche, kitzeln, Klavier, klein, klettern, klingeln, Klo, kneten, knuddeln, kochen, Koffer, krabbeln, Kran, Krokodil, Kuh, kuscheln, küssen

L:
lachen, Lampe, langsam, Lastwagen, Lätzchen, laufen, (zu) laut, lecker, leise, Leitungswasser, lesen, Licht, lieb haben, LKW, loben, Löwe, Luftballon

M:
Macht nichts!, malen, Mama, Maulwurf, Maus, Medizin, mehr, Milch, Mond, Motorrad, Mücke, müde, Musik, Musik hören, Musik machen, Musikgerät, Mütze

N:
nach Hause, Nase putzen, Nashorn, nass, nein, Nicht ...!, nicht ernst meinen, Nicht so doll!, Nilpferd, nochmal, Nuckelflasche

O:
Oma, Opa

P:
packen spielen, Papa, Pferd, Pfui!, Pinguin, Psst!, Puppe

R:
Radio, rangeln, Rasierer, Raupe, Regen, Regenbogen, Reh, reiten, reparieren, Robbe, Roller, (selber) runterfallen, runterfallen lassen, Rutschauto, Rutsche

S:
sachte, Säge, Sand, Sandkasten, satt, Schaf, Schaufel, Schaukel, Schere, Schiff, Schildkröte, Schirm, schlafen, Schlange, Schlitten, Schmerzen haben, Schmetterling, schmusen, Schmusetuch, Schnecke, Schnee, schneiden, Schnuller, Schranke, Schule, Schwein, Schwester, schwimmen, See(wasser), Seehund, Seifenblasen, singen, sitzen bleiben, Skier, Sonne, Sonnenschein, Spaß haben, spazieren gehen, spielen, Spinne, Sport machen, Staubsauger, Stein, Sterne, Stifte, stillen, stinken, Stopp!, Storch, Straßenlaterne, streicheln, streiten, suchen

T:
tanzen, Tasche, Taschentuch, Tatütata, tauschen, Teddybär, teilen, Telefon, Teletubbies, Tiger, toben, Toilette, Traktor, traurig sein, trinken, Tunnel, turnen

U:
Uhr

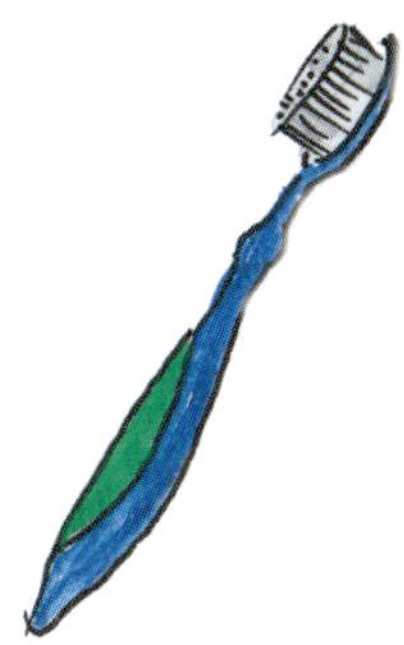

V:
Ventilator, (sich) verbrennen, verstecken (spielen), vertragen, Vertrauensperson, verzeihen, viel, Vogel, Vorsicht!

W:
warten, Was ... (ist los)?, waschen, Wasser, weg sein, wehtun, weinen, Weißt du, ...?, weitermachen, wenig, werfen, Wespe, Wind, Windel wechseln, Windrad, Wippe, Wo ist ...?, Wolke, Wurm, wütend sein

Z:
Zahnbürste, Zähne putzen, Zebra, Ziege, zu Ende, zu Hause, Zug, zur Arbeit gehen

Das Gebärdenlexikon*
mit 3.000 alphabetisch sortierten Begriffen

Das Gebärdenbuch
Band 1 - 4:
- 450 Gebärden für Einsteiger/innen
- 450 Gebärden für Kinder
- 450 Gebärden für Jugendliche*
- 450 Gebärden für Erwachsene*

Handbuch zur GebärdenSchrift
von Stefan Wöhrmann

Arbeitsbuch zur GebärdenSchrift*
von Stefan Wöhrmann

Das Fingeralphabet-Poster
mit Tieren und Mundbildschrift in A2 + A3

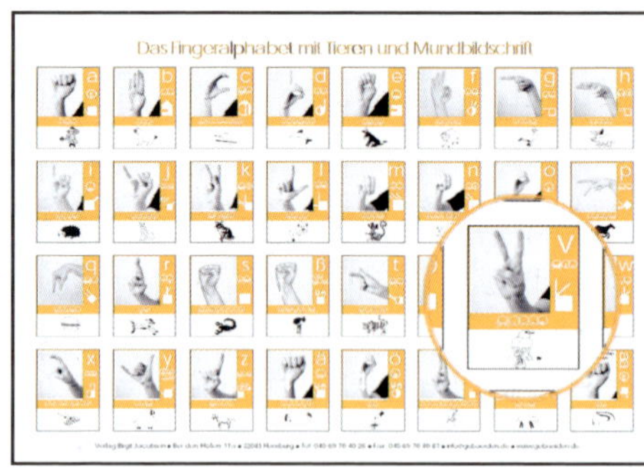

200 Grundgebärden für ErzieherInnen (1-3)*

*in 2009 lieferbar

Bestellung jetzt direkt beim Verlag!

Wonneproppen, Band 2 (216 S.):	€ 19,95
Das Gebärdenbuch, Band 1 (186 S.):	€ 23,50
Das Gebärdenbuch, Band 2 (196 S.):	€ 24,50
Handbuch zur GebärdenSchrift (232 S.):	€ 28,50
Fingeralphabet-Poster in A2:	€ 3,50
Fingeralphabet-Poster in A3:	€ 2,50

Lieferung ab € 20,- portofrei!

Hurra – noch mehr „Wonneproppen"!

Band 2 für alle, die gerne noch mehr Babygebärden kennenlernen möchten:

Inhalt:

- Sammlung von 230 Babygebärden
- (nicht nur) für Babys liebevoll und farbig illustriert,
- thematisch sortiert,
- mit niedlichen Kinderfotos
- und einfachen, einprägsamen Erklärungen.

- Außerdem viele Tipps und Tricks rund um das Erlernen der Babygebärden,
- noch mehr Beispielsituationen und Beispielsätze,
- „Rezepte" für Eltern und Babys gegen „Durststrecken",
- fröhliche Spiele und Lieder mit Gebärden
- und bekannte Tisch- und Gute-Nacht-Gebete mit Gebärden.

Groß und Klein ist eingeladen, mit Begeisterung noch mehr Gebärden kennenzulernen und anzuwenden. Auch dieser Band erleichtert wieder – selbst unseren kleinen „Noch-nicht-Lesern" (wie älteren Geschwistern!) – das selbstständige Erlernen der Babygebärden.

Let's talk Wonneproppen Band 2 für Begeisterte
mit dem großen Gebärdenlexikon

Weitere Bücher der Autorin Sonja Grewing für Eltern und Kinder finden Sie unter

www.letstalkbaby.de

Bestellungen direkt beim Verlag
(ab 20,- € Lieferung portofrei)

Verlag Birgit Jacobsen
Bei den Höfen 11a
22043 Hamburg
Tel.: 040 - 69 70 40 26
Fax: 040 - 69 70 40 87
info@gebaerden.de
www.gebaerden.de

Babygebärden von A-Z

° Bei diesen Gebärden handelt es sich um für Babys vereinfachte Gebärden. Vgl. S. 124 f, Endnote 8.